ココミル
cocomiru

京都

創造一次美好的
旅遊回憶♪

 令人感動的和風之美！
療癒心靈的古都之旅

上：龍安寺（P56）下左起：大河內山莊庭園（P84）／南禪寺（P46）／東寺（P88）／東福寺（P90）

在京都這座千年古都裡，
和風之美依然存在於市井之中。
或是眺望著表現出禪心，像是解謎般的庭園，
或是在祇園的街道上遇見緩步而行的舞妓。
日常的每個片段都有著細致光彩的古都裡，
好好體會滿是發現與感動、療癒心靈的旅程。

上：祇園的風景（P32）　　下左起：大極殿本舖六角店 栖園（P112）／豐田愛山堂（P33）／茶寮宝泉（P73）／祇園川上（P98）

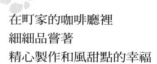

在町家的咖啡廳裡
細細品嘗著
精心製作和風甜點的幸福

色彩繽紛的和雜貨
光是拿在手上
心情都雀躍了起來

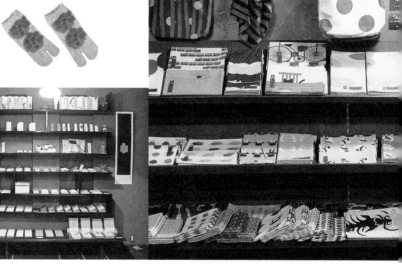

左上起：サロン・ド・テ・オグルニエ・ドール（P34）／鍵善良房 本店（P33）／通圓（P147）／一保堂茶舖（P66）高台寺 洛匠（P25）的蕨餅／
茶寮都路里本店（P110）的聖代／seisuke88（P120）的帶扣小錢包／SOU・SOU足袋（P121）的足袋下／裏具（P121）／RAAK本店（P120）

前往世界遺產的佛寺和
佇立在靜謐中的神社
來趟靈驗多多的參拜之旅

京都是什麼樣的地方？

保護和繼承著歷史與傳統的
世界遺產、國寶的寶庫

京都在延曆13年（794）的平安京遷都到明治維新之間，是日本政治、文化中心的千年之都。現在仍到處可見當時留下的面貌。登錄為世界遺產的地點有17（☞附錄P20）個。只需走些路就可以看到世界遺產的佛寺，裡面有著日本國寶的佛像鎮座，京都是個感受得到歷史的城市。

可以看到日本國寶佛像的
世界遺產 東寺（☞P88）

平安神宮（☞P49）
的枝垂櫻在紅色建築
襯托下更是美麗

什麼季節最美？

櫻花和紅葉季節的京都
最是美不勝收

3月下旬～4月中旬開得最美的櫻花、11月上旬～12月上旬最美的紅葉，都是不應錯過的風景。但是，人一定很多。至少需提早3個月訂好房間。春秋二季會有特別開放和打燈的佛寺神社也多，需特別注意。當然，夏季的祇園祭和川床、冬季的雪景也絕對值得一賞。

造訪京都前的
必備旅遊知識

日本最大規模的觀光勝地京都景點眾多。
最好先做好計劃看要去哪些地方之後再出發，
讓古都之旅更加美好而充實。

京都車站（☞P92）內有不少咖啡廳和商店

該怎麼去？

大阪關西機場是進出的門戶火車和機場巴士都可以到

要前往京都需搭乘飛往大阪關西機場的班機，目前由桃園機場有中華、長榮、復興、日航、全日空、樂桃、捷星等航空公司飛航，班次很多。由關西機場可以搭乘JR西日本的特急「はるか」或其他等級列車前往京都，約1小時20分左右可達；機場巴士則約90分鐘可以到達京都車站。

觀光要花多少時間？

走馬看花觀光需2天1夜仔細觀賞體會則至少2夜以上

主要的景點都集中在京都搭乘電車或巴士1小時之內的範圍，因此只要參考標準行程（☞P10），2天1夜也能飽覽風光。旅程上時間足夠時，應安排至少2晚。京都除了觀光之外，美食、咖啡廳、購物等樂趣也十分多元。以緩慢步調逛佛寺和逛街，又會有不同的風情。

優雅地逛逛很有古都風情的街區

如果要市區＋多1天的觀光？

遠離都會的喧囂走遠些去大原和宇治

京都的市區搭乘巴士或電車不過30分鐘，就可以看到恬適的風光。在大原（☞P142）既可以遊逛佛寺，到了源氏物語背景所在的宇治（☞P146），看看10日圓硬幣上的平等院也很棒。有著神秘寺社的鞍馬、貴船（☞P144），或阪本龍馬相關的伏見（☞P148），都是值得當天來回的景點。

有著平安時代風景的宇治（☞P146）

清水寺本堂的舞台（☞P20）
的視野極為壯觀！

第一次去京都絕不可錯過的？

參觀清水寺、金閣寺、銀閣寺以
及嵐山、祇園的遊逛都不可錯過

以清水的舞台聞名的清水寺（☞P20）、豪華光輝的金閣寺（☞P54），都是第一次去京都的人必訪之地。二處都有高人氣，一定人多而雜亂。有著古都風情街區的祇園（☞P32），和可以享受到優雅風光的嵐山（☞P76）都不應錯過。

有著四季不同美景環繞
的渡月橋（☞P76）

在祇園（☞P32）
遇見藝妓

南禪寺（☞P46）
可以體驗抄寫經文

想體驗京都風情時？

品嘗精進料理
以坐禪和抄經文清淨身心

要能夠進一步了解京都的魅力，可以到佛寺做一趟不同一般的體驗。嘗嘗以穀物、蔬菜為主的佛寺日常餐食 精進料理（☞P83），或在莊嚴氛圍裡坐禪來鍛練心靈，抄寫經文來取得精神的穩定…（☞P46）。藉著接觸到不同於日常的空氣，來發現新的自我。

不可錯過的美味是？

味道細緻的京懷石
使用當令蔬菜的熟菜

京都很重視喜慶和接待外人，為此而非常費心思。而在這些將心思化為具體形態、費工費時製作的京懷石（☞P98）裡，有著廚師的巧妙技術。先從午餐的全餐輕鬆享用一下。而使用京都蔬菜做的熟菜（☞P108），也是京都媽媽們的手工料理而備受喜愛。

外觀十分美麗的京料理木乃婦的京懷石（☞P101）

老字號織物店的手巾品牌RAAK本店（☞P120）的獨創包包

伴手禮要選什麼好？

可愛的和風雜貨和京美妝用品
師傅的技術出眾的日用品

在長久的歷史裡，京都讓許多領域的傳統產業發達。每一種都存著著代代相傳下來的師傅工藝。在這些熟練保證下，卻能夠維持合理價格的可愛和風雜貨和美妝品（☞P120、122）最適合作為伴手禮；自用的則以可以長期使用的廚房用品（☞P124）最適合。

想要小憩片刻時？

在町家咖啡廳小憩
在老字號裡享用日式甜點

京都市內有許多將自古珍惜使用而保存下來的町家改裝而成的咖啡廳（☞P34）。在享受著古都的氛圍同時，悠閒享用午茶。此外，超高人氣的抹茶聖代（☞P110），和當地人也喜愛的極品日式甜點（☞P112），也是明知要排隊也非得一嘗的美味。

和菓子老店俵屋吉富開設茶ろん たわらや（☞P113）的餡蜜

出發！

10:00 京都站　　**10:30 清水寺**　　　　　**富有風情的石板道**

京都的地標－京都塔（☞P95）就位在京都站前。京都之旅就由此處開始！

第一個去京都觀光的王道－清水寺（☞P20）。讓清水舞台的絕景感動你

在二年坂、產寧坂（☞P23）的兩側間間相連的商店裡先來個購物

走過滿是觀光客的寧寧之道前往花咲 萬治郎（☞P105）。享用京都的麩&豆皮

13:00 高台寺　　　　　　　　**14:30 銀閣寺**

前往豐臣秀吉和北政所相關的高台寺（☞P26），欣賞庭園和建築式樣

手巾品牌RAAK（ P120）的祇園店（**MAP**附錄P11C2）

以銀沙灘和向月台的庭園聞名的銀閣寺（☞P42），體會侘寂與寂wabi-sabi的世界

在過去曾有著名學者散步過的哲學之道（☞P44），讓思維回味著歷史

品嚐甜點　　　　　　　　　**18:00 四条烏丸**　　　　　**☾★ 晚安…**

在豆寒大聞名的甜點店 み家（☞P44）小憩。手工的美味打動心靈

日常用的漆製品一應俱全的うるしの常三郎（☞P44）店內購買可愛的盤子

古民宅改裝而成的熟菜店お数屋いしかわ（☞P108）內，享用京都蔬菜做的各色熟菜

今晚住在由町家改裝的小小旅館－小宿 布屋（☞P136），晚安囉

2天1夜的
極上京都之旅

除了金閣寺和清水寺等王道景點的觀光之外，
還加入了很有京都感覺的用餐和人氣店購物的貪心行程。
徹底地享受京都吧。

第2天

 早安！

9:00 嵐山

趁著觀光客還少時一路往嵐山行。早上的渡月橋（☞P76）有四季各異的美景

9:30 天龍寺

前往室町時代由足利尊氏開基，是京都代表性的禪宗佛寺－天龍寺（☞P82）

雄偉的庭園散步

借景嵐山和龜山的曹源池庭園（☞P82）。紅葉正紅的秋季時，宛如欣賞繪畫一般

像是電影場景的竹林之道（☞P78）上，在林間輕洩的陽光中漫步其間

11:30 龍安寺

將15塊石頭做藝術性配置的龍安寺的石庭（☞P56）。暫時忘卻時間，靜靜地眺望一番

在龍安寺的塔頭西源院（☞P57），觀賞庭園，享用著名的七草湯豆腐

13:30 金閣寺周邊

絹掛之路的景觀。世界遺產金閣寺、龍安寺、仁和寺都在這條路上。

15:00 河原町

離開觀光地回到市區。在有著夢幻般店內的喫茶ソワレ裡，享用ゼリーポンチ（☞P114）

滿是京都名物

京都美妝的代表店－よーじや（☞P122）的本店（**MAP** 附錄P12D3）裡購買伴手禮

在著名的京都廚房錦市場（☞P36）裡，走走逛逛買各式商品

17:30 京都站

在有次（☞P125）購買有著師傳美技的廚房用品。做菜工夫也能精進…

最後到JR京都伊勢丹地下1樓（☞P93）從各種伴手禮中挑選

好不容易遠道來了一趟

第3天 就再走遠一些 看看？

比叡山麓的寧靜山村 大原

有著豐富大自然的區域。可以悠閒遊逛紅葉和庭園風光極美的三千院、實光院、寶泉院等地（☞P142）。

以茶聞名全日本風光明媚的宇治

有著世界遺產平等院和宇治上神社等的茶鄉。使用宇治茶做的各色甜點也值得一嘗（☞P146）。

11

叩叩日本
cocomiru ココミル

京都

Contents

清水寺的三重塔是日本最大等級

在花街上七軒亮麗遊逛

美麗紅葉伴襯下的南禪寺水路閣

二条城的二之丸庭園為特別名勝

雄偉壯觀！平安神宮的大鳥居

在町家咖啡廳觀賞中庭庭園稍事休息

在櫻花盛開的哲學之道美妙地散步

祇園的花見小路雅致而優美

在老字號茶鋪一保堂前拍張照

嵐山的指月庵首次享用點茶

往東往西往上往下
第一步先出門去京都觀光吧

京都有許多世界遺產，以及神社佛閣、國寶！景點集中的7大區域要去哪裡，還有要怎麼去遊逛要先決定。標準行程和所需時間的資訊也要參考一下。

京都是什麼樣的地方

曾為首都的歷史與文化根深蒂固的京都。
寺社、古蹟的觀光、美食到購物，
京都的樂趣多元多樣。

抓準王道的7大區域

京都觀光的主要區域大分為7處，京都站的東側有清水寺、祇園、哲學之道到銀閣寺等眾多的觀光名勝。市內中心區，則有鬧區河原町，以及京都御所和二条城，往西走則是世界遺產金閣寺一帶，接著還有最大觀光地之一的嵐山、嵯峨野。

觀光之前先收集資訊

京都站大樓的2樓，設有日本人熟悉，暱稱為「京なび」的觀光服務處。內部提供了景點介紹和住宿設施介紹、活動票券的販售等各種觀光資訊，在遊逛京都之前應先來這裡走走。

洽詢 京都總合觀光案内所 ☎075-343-0548

京都交通MAP

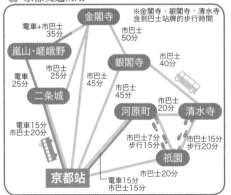

※金閣寺、銀閣寺、清水寺含到巴士站牌的步行時間

- 金閣寺
- 電車+市巴士 35分
- 嵐山·嵯峨野
- 市巴士 50分
- 電車 25分
- 市巴士 25分
- 二条城
- 銀閣寺
- 市巴士 45分
- 市巴士 40分
- 電車15分 市巴士20分
- 河原町
- 市巴士 45分
- 市巴士 20分
- 清水寺
- 市巴士7分 步行15分
- 市巴士15分 步行20分
- 祇園
- 京都站
- 電車15分 市巴士20分
- 電車15分 市巴士15分

由懸崖伸出建構的清水寺本堂

きよみずでらしゅうへん
清水寺周邊 ①
・・・ P18

以一大觀光勝地清水寺為中心的區域。清水坂、產寧坂、二年坂等坡道的兩側有許多伴手禮店，觀光客眾多。

也以連續劇和電影的外景地聞名的巽橋

ぎおん・かわらまち
祇園、河原町 ②
・・・ P30

鬧區河原町是餐廳、咖啡廳和商店集中的地區。鴨川旁的花街祇園可以看到舞妓走動，古都風情萬種。

③

ぎんかくじ・てつがくのみち
銀閣寺、哲學之道
・・・ P40

自然美的哲學之道旁有些佛寺和商店。不可錯過的景點有銀閣寺和南禪寺。平安神宮周邊則是美術館集中的藝文區域。

逛逛紅葉極美的哲學之道

高山寺卍
西明寺卍
神護寺卍
嵐山高雄パークウェイ

嵐山・嵯峨野 ⑥

嵯峨嵐山
往保津峽
竹林之道
嵯峨野觀光鐵道
嵐山
天龍寺卍
嵐山·渡月橋

往奧掛IC

北野天滿宮祭祀學問之神菅原道真聞名

きんかくじしゅうへん
金閣寺周邊 ④

••• P52

由金閣寺開始的世界遺產之路－絹掛之路旁景點集中。北野天滿宮附近則有花街上七軒，充滿了日本的情趣。

威風凜凜的二条城的二之丸御殿

にじょうじょう・ごしょ
二条城、御所 ⑤

••• P62

大政奉還的舞台二条城，以及貴族文化的中心地京都御所。御所周邊有著苑的大片綠意，也有不少歷史悠久的名店。

竹子的聲音十分舒適的竹林之道

あらしやま・さがの
嵐山、嵯峨野 ⑥

••• P74

有著渡月橋和竹木之道等風雅風景的區域，世界遺產天龍寺等寺社眾多。也是源氏物語、平家物語的舞台。

きょうとえきしゅうへん
京都站周邊 ⑦

••• P86

京都站大樓內有許多伴手禮店和咖啡廳。周邊則有世界遺產的東寺、日本國寶三十三間堂、淨土真宗的兩本山東本願寺和西本願寺等，景點充實。

東寺的五重塔是京都的象徵

17

重點看過來！
在清水寺周邊的坡道上找找伴手禮

在清水寺參拜客往來的坡道旁，有許多京都伴手禮的小店。（☞P22）

重點看過來！
欣賞豐臣秀吉相關的桃山美術

前往由小堀遠州設計庭園的秀臣菩提寺－高台寺。（☞P26）

重點看過來！
參觀清水寺看看絕景的舞台

靈驗的清水寺。（☞P20）風景絕佳的舞台在等著你的造訪。

清水寺就在這裡！

走過滿是古都風情的清水寺參道

清水寺周邊

きよみずでらしゅうへん

七味家本舖（☞P22）
香味極佳的七味

是這樣的地方

《源氏物語》和《枕草子》等書中也曾描寫過，有著深層信仰歷史的清水寺。為了便於參拜而興築的產寧坂和二年坂，都維持著往昔的風情，一路到高台寺都是古都味道的路徑。逛著融入街區感覺的新舊店面，悠閒自在地參觀吧。

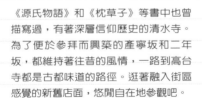

access

●京都站出發
【巴士】
・市巴士100系統10分的五条坂、12分的清水道、16分的祇園下車
・市巴士206系統11分的馬町、17分的東山安井、21分的知恩院前下車
【電車】
・JR奈良線2分的東福寺站轉乘；京阪電鐵4分的清水五条站、6分的祇園四条站下車

洽詢
☎075-752-7070
京都市觀光協會
廣域MAP 附錄P2D3

~清水寺周邊快速導覽MAP~

觀光的提要

**事前確認好
提高伴手禮購買效率**

清水坂、產寧坂的路旁，有許多
伴手禮的商店，先規劃好想去的
店或伴手禮，就可以更有效率。

往八坂神社

祇園

大谷祖廟(東大谷)　　長樂寺

菊乃井

5 高台寺
(☞P26)

寧寧之道
圓德院
下河原通
石塀小路

東山安井

靈山護国神社

靈山觀音

人力車來來往往
京都風情十足的道路
寧寧之道是經過高台
寺和圓德院的石板
路。(☞P25)

東山安井

安井金比羅宮

COHAKU KAIRASHI
(☞P29) **6**

六道珍皇寺

二年坂(二寧坂)

**法觀寺
(八坂之塔)**

位於八坂通頂上
是東山的地標

讓美麗的街區更為出
色的塔為背景拍一張
留念吧。(☞P28)

清水道　清水道

東山區役所

產寧坂(三年坂)

靈山興正寺別院

東大路通

安祥院

天
(☞P29) **3**

4 七味家本舖
(☞P22)

清水坂

五条坂

清水新道(茶わん坂)

三重塔

地主神社

往五条
大橋

五条通

東山五条

實報寺　本壽寺　妙見堂

通妙寺

三重塔

清水寺 2
(☞P20)

清水寺

1 河井寬次郎紀念館
(☞P28)

大谷本廟
(西大谷)

1

馬町

往東山七条

往京都東IC

淨妙院

N
0　　100m

推薦的行程時間

6小時

清水寺和高台寺都是景點
很多的地點，要參觀需預
留各1小時。產寧坂和二
年坂、寧寧之道這些石板
路的悠閒漫步也最好預留
1小時。

起點

市巴士 馬町站牌

1 參觀 河井寬次郎紀念館
▶ 步行2分

2 寺院 清水寺
▶ 步行20分

3 咖啡廳 天
▶ 步行10分

4 購物 七味家本舖
▶ 步行2分

5 寺院 高台寺
▶ 步行10分

6 購物 COHAKU KAIRASHI
▶ 步行3分

終點

市巴士 東山安井站牌

享受產寧坂、二年坂、寧寧
之道、石塀小路的漫步樂趣

19

絕景的「舞台」是地標
前往靈驗多多的清水寺

以音羽山上可以一覽京都市區的「清水的舞台」聞名的古寺清水寺。
有著國寶的建築到各種靈驗地點等眾多景點的佛寺。

きよみずでら
清水寺

🌸櫻花：3月下旬~4月上旬
🍁紅葉：11月中旬~12月上旬

世界遺產

紫式部和清少納言都參拜過的古寺

創立於奈良時代末期的寶龜9年（778）。延鎮上人在夢中接到指令，在音羽的瀑布上方建立草庵祭祀觀音菩薩為清水寺的開端。13萬平方公尺的廣闊占地內，除了絕景舞台所在的國寶本堂之外，還有國家級重要文化財的仁王門和三重塔等眾多堂塔。

☎075-551-1234 住京都市東山區清水1-294
¥300日圓 ⏰6~18時 休無休 交市巴士五条坂、清水道站牌步行10分 P無 MAP附錄P15C4

さんじゅうのとう
三重塔

江戶初期建成，第一層的內部有大日如來像，高約31公尺，是日本最大等級的三重塔。（2015年3月左右前整修工程中不開放）②

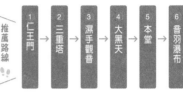
ほんどう
本堂

有著檜皮葺美麗屋頂的本堂，是寬永10年（1633）重建的。由懸崖伸出去的舞台視野極佳⑤

におうもん
仁王門

又有「赤門」之稱的清水寺正門，是15世紀時重建，兩側放置了京都最大規模的阿形、吽形仁王像。①

善光寺
搖頭地藏
寶性院
←🚏往清水道　出入口
仁王門
①
清水坂
（松原通）
鐘樓
北總門
←🚏往五条坂
西門
隨求堂
弁財天
⑦地主神社
經堂
②濕手觀音
朝倉堂
釋迦堂
三重塔
開山堂
仏足石
參拜服務台
參拜服務台
轟門
④
⑤本堂
阿彌陀堂
忠僕茶屋
舌切茶屋
大黑天
奧院
音羽瀑布⑥
※阿彌陀堂和奧院正在進行平成大整修，不開放參觀
錦雲溪
N
0　　50m

　※清水寺的平成大整修，預定從2008年度起進行10年，完工日期未定。

推薦路線
1 仁王門 → 2 三重塔 → 3 濕手觀音 → 4 大黑天 → 5 本堂 → 6 音羽瀑布
繞上一圈 1小時

在傳說戀愛靈驗的
地主神社裡祈求良緣

清水寺占地內的「地主神社」**7**裡有二個戀占石，據說閉著眼睛從一顆石頭走到另一顆石頭的話，戀愛就能夠實現。

☎075-541-2097　**MAP** 附錄P15C4

去厄運

ぬれてかんのん
濕手觀音

立於經堂和開山堂之間，據說只要將音羽瀑布水源的金色水淋上去，就可以洗去煩惱和罪惡 **3**

發跡

だいこくてん
大黑天

以「出世大黑」之名聞名的大黑天，在最近的修復下又恢復了光鮮的身段。聽說重量有310公斤呢 **4**

學業、戀愛
長壽

おとわのたき
音羽瀑布

清水寺名稱由來的音羽山清澄的水流下的瀑布。可以在學業成就、戀愛成功、延命長壽中擇一願掛許願 **6**

瓶裝的音羽靈水500日圓 ▲

注意舞台的
木架構！

不使用鐵釘下，將高達139根欅木架構起來的工匠技術精良。可從下往上看看

位於仁王門前的善光寺搖頭地藏，據說將地藏頭轉向你祈求事情的方向後拜拜，該願望就能夠實現。繞過去看看吧

清水寺周邊的坡道上
尋找和風可愛的伴手禮

清水寺一帶的坡道上，有許多伴手禮店，生意十分興旺。
在這些店裡，本書精選出了很有京都感覺的伴手禮。

きよみずざか
清水坂

人來人往很熱鬧，
而且邊逛邊吃很愉
快的街道。輕鬆享
用京都美食

しょういんどう
② 松韻堂

可以長久使用的好東西

安政2年（1855）創業的京燒、
清水燒陶瓷廠。創業以來未曾
改變過氛圍的店內，陳列著許
多繼承傳統的商品。

☎075-561-8520 住京都市東山區
清水3-319三年坂下 ◯9～17時 休
無休 交市巴士清水道站牌步行10分
P無 MAP附錄P15B3

師傅的美技下做出的精巧
鶴形筷架5個套裝4000日圓

繪製季節花卉的撫子茶杯
2800日圓（右）、京之春
茶杯小3300日圓（左）

往清水道巴士站牌

しちみやほんぽ
① 七味家本舖

可以選擇裝瓶的七味唐辛子

明曆年間（1655～1658）創業的
七味唐辛子專門店。讓京都美食
更加美味的芳香七味唐辛子，有
著使用精選材料的美好風味。

☎075-551-0738 住京都市東山區清水
2-221清水寺參道 ◯9～18時（有季節性
變動）休無休 交市巴士清水道、五条坂
站牌步行7分 P無 MAP附錄P15B3

七味 清水燒陶器
入（附15g袋裝七
味）1個1134日
圓～。可從十幾
種中自選

清水坂

五条坂

茶碗坂

ちゃわんざか
茶碗坂

五条坂到清水寺之
間的平緩而寧靜的
坡道。有許多清水
燒的陶瓷廠

往清水五条站

つぼねやりっしゅん
③ 局屋立春

感受得到四季變化的京菓子

茶碗坂上唯一的和菓子店。除了
販售看來美觀吃來美味的和菓子
之外，喫茶區的抹茶和蕨餅的套
組為650日圓。

☎075-561-7726 住京都市東山區五
条大橋東6-583-75 ◯10～17時（三
為13時～）休無休 交市巴士五条坂站
牌步行5分 P1輛 MAP附錄P15B4

小町草紙880日
圓。隨著季節變
動的干菓子使用
精選的阿波和三
盆糖，有著高雅
甜味

❹ うちわや 二年坂
うちわや にねんざか

多種丹波黑豆的京菓子

販售將黑豆煎焙後，灑上巧克力或和三盆糖的色彩繽紛產品，以及焦香醬油口味適合下酒的多種豆菓子。黑豆茶也受歡迎。

☎075-551-6888 🏠京都市東山区高台寺南門前通下河原東入ル桝屋町363-21 🕙10～18時（活動時有變動）🈺無休 🚃市巴士東山安井站牌步行10分 🅿無 MAP附錄P15B3

邊逛邊吃也很愉快哦！
「清水 京あみ」的八橋泡芙300日圓，由肉桂風味的皮包著滿滿的抹茶或是奶黃醬，最適合邊逛邊吃。
☎075-531-6956
MAP附錄P15B4

陶器裝1543日圓。配合口味差異，陶器也有4種（各30g）

往高台寺 ➤

二年坂

❹ 二年坂
にねんざか

接著產寧坂的下方，是有著高雅風情的石板坡道。竹久夢二相關的景點也在此

巧克力口味MIX1296日圓。味道分為純、櫻、抹茶、柚子、紫蘇5種（各12g）

產寧坂

產寧坂
さんねいざか

位於清水寺和八坂之間的觀光勝地。路兩側開滿了伴手禮店

❺ 松栄堂 産寧坂店
しょうえいどう さんねいざかてん

感受古都的風雅香氣

有300年歷史的老字號香鋪，以條狀香和香包最受歡迎。繪有四季變遷風景的香插「東山的四季」為產寧坂店的限定商品。

☎075-532-5590 🏠京都市東山区清水3-334青龍苑內 🕙9～18時 🈺無休 🚃市巴士清水道站牌步行10分 🅿無 MAP附錄P15B3

造形新穎可隨身帶著的香袋-誰が袖ふくべ各486日圓

紅茶香氣的條狀香 Xiang Do Tea1盒864日圓和東山的四季香插 春540日圓

❻ はんなり Kyoto 二年坂店
はんなり きょうと にねんざかてん

多種單件的口金包

每次進貨花色就會改變，因而口碑極佳、顏色和種類也多元的口金包。限定品的種類也多，可以去找一個「專屬口金包」。

☎075-533-1890 🏠京都市東山区高台寺桝屋町362-12 🕙10～18時 🈺無休 🚃市巴士東山安井站牌步行7分 🅿無 MAP附錄P15B3

不分年齡人氣都高的親子錢包各1700日圓。其中附扣的零錢包和紙鈔可以分開，更加方便

❼ あけぼの亭 井和井
あけぼのていいわい

日常使用的亮麗京都小物

主要販售自創商品，加上綢緞和風雜貨、京扇子等廣泛商品的京都小物店。店面是由和龍馬相關的「明保野亭」改建。

☎075-541-8545 🏠京都市東山区清水2-222 🕙10～18時 🈺無休 🚃市巴士清水道站牌步行7分 🅿無 MAP附錄P15B3

清水寺

肌膚觸感極佳的溫暖綿紗製手毛巾各486日圓。熊貓車和山茶花等京都風味的圖形人氣極高

📖 本區域伴手禮店的密度在京都數一數二。開店時間較早，可以趁人少時前往購買。

寧靜而滿是和風感受
悠閒遊逛寧寧之道、石塀小路

跨出喧囂市區，在巷弄中穿梭，就是古都風情的氛圍。
石板路上，有著不少很有京都感覺的窄入口小料理店和精品店。

石塀小路
いしべこうじ

出八坂神社的南樓門，沿著下河原通向南的第3條路口向東行的窄小巷弄

下河原通
石塀小路
三
四
寧寧之道
二
高台寺

往二年坂へ

裝在可愛外盒裡的金平糖700日圓

店主創作的書籤2個300日圓

天空庵
てんくうあん

**純樸而可愛的
小物讓內心雀躍**

位於由寧寧之道剛進入巷弄處的不顯眼店面。女店長精選出使用自然材料和傳統工藝做的商品，當伴手禮或給自己的犒賞都很適合。

☎075-531-3111 住京都市東山区高台寺下河原町463-29 ⏰11～18時（達活動時可能延長）休週二、三 交市巴士東山安井站牌步行5分 P無 MAP附錄P10E4

穿孔玻璃珠的耳環900日圓

てんこく屋 空空
てんこくや くうくう

**師傅設計製作
很有味道的和風文具**

由京都和紙師傅做的紙製商品和有400多年歷史的老店毛筆等人人都想要擁有的商品，可以用低廉價格買到。也可以訂製篆刻家的店主雕刻，專屬自己的手雕印1600日圓～。

☎075-533-1980 住京都市東山区高台寺下河原町530京·洛市ねね1F ⏰12～17時 休週四 交市巴士東山安井站牌步行5分 P無 MAP附錄P10E3

手工的和紙一筆箋300日圓

常設展示、販售其他地方看不到的秘藏作品

仔細品味
高台寺緣由
的蒔繪

展示高台寺代代相傳寶物的「掌美術館」。包含了人稱高台寺蒔繪的細致而優美、加了黃金裝飾的漆器等，集桃山美術的精華於一堂。入館300日圓。☎075-561-1414
MAP 附錄P10E3

享用當令美味的全餐
3500日圓～

往八坂神社南櫻門 ➤

いしべこうじ まめちゃ
三 石塀小路 豆ちゃ

寧靜小路內的不起眼建築飽享精選食材的美味

將明治期民宅改裝而成的料理店。將當令食材以謹慎的調理方式提供的熟菜，可以低廉的價格品嘗到。設有櫃台座，一人前往也OK。

☎075-532-2788 住京都市東山区

八坂神社南門下ル石塀小路
⏰17時～22時30分LO 休無休
交市巴士東山安井站牌步行5分
P無 **MAP** 附錄P10D3

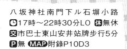

ねねのみち
寧寧之道

位於豐臣秀吉正妻，北政所「寧寧」淵源的佛寺高台寺西側，一條直而平緩的石板路

漫步時最適合小憩片刻，不起眼的氛圍

きっさいしべ
四 喫茶いし塀

以八坂神社湧水沖泡的頂級咖啡

靜靜佇立在石塀小路裡的復古咖啡廳。使用每天早上由八坂神社汲取的湧水沖泡的咖啡博得好評。店內的小庭院的綠意相伴下，享受幸福美好的時光。

☎075-551-3458 住京都市東山区八坂鳥居前下ル下河原町463 ⏰11～17時
休週四 交市巴士東山安井站牌步行5分
P無 **MAP** 附錄P10E4

聞名的咖啡附小點600日圓。招牌土司600日圓等的料理菜單也很多元

こうだいじ らくしょう
五 高台寺 洛匠

觀賞著庭園享用細滑爽彈的蕨餅

招牌甜點草蕨餅720日圓，有著入口即化的柔嫩（外帶240g540日圓）。觀賞著有四季各異美麗花朵的枯山水庭園，悠閒地度過美好的時光。

☎075-561-6892 住京都市東山区高台寺北門前通下河原東入ル鷲尾町516 ⏰9時30分～18時
休不定休 交市巴士東山安井站牌步行5分 P無
MAP 附錄P10E3

數寄屋結構的店內品嘗甜點。店內看得到的水池內有錦鯉悠游其中

有著揉進優質宇治抹茶香氣的草蕨餅

こうだいじ おりおり
六 高台寺 おりおり

四季可用又容易上手的竹製品

販售最適合日常使用的創作竹工藝品的商店。運用竹子原有特性做的小物，及可搭配日本服裝、西式服裝等設計的商品都十分吸引人。親自感受一下竹子的溫暖吧。

☎075-525-2060 住京都市東山区高台寺北門前通下河原東入ル鷲尾町522 ⏰9～17時（活動時～21時）休週三（春、秋的觀光旺季無休）交市巴士東山安井站牌步行6分 P無 **MAP** 附錄P10E3

世界唯一，竹工藝包75600日圓

形狀富有個性的竹製餐具類864日圓～

四季風情各異
風光明媚的佛寺名庭散步

清水寺到八坂神社周邊，有些擁有美麗庭園的佛寺。
可以悠閒地漫步其間。櫻花、紅葉季節的打燈也千萬別錯過。

A えんげつち
偃月池
配置在書院與開山堂之間迴廊途中的水池。迴廊中央處設有觀月台可以觀賞倒映池中的月亮，據說是秀吉的最愛。

B はしんてい
波心庭
方丈前的庭園。周圍的櫻花一起盛開的春季時最為華麗。白砂和櫻花的粉紅搭配十分美麗

C がりょうち
臥龍池
開山堂和臥龍廊倒映極美的水池。秋季時打燈的紅葉倒映水中的景色既雄偉又夢幻

Ⓐ～Ⓒ的景色
可在此處看到！

こうだいじ
高台寺

活在戰國時代的夫妻安息之地

為了安置豐臣秀吉的靈位，由正室北政所寧寧於慶長11年（1606）建立。開山堂周圍的庭園為小堀遠州的作品，是以臥龍池和偃月池為中心的池泉迴遊式庭園。由伏見城移來的觀月台和龜島、鶴島的石組都極為壯觀，四季各異的優美景觀，是桃山時代建築的特色。

☎075-561-9966 🏠京都市東山区高台寺下河原町526 ¥600日圓 🕐9～17時（春夏秋的夜間特別參觀為17時～21時30分）休無休 🚌市巴士東山安井站牌步行5分 Ｐ150輛 MAP附錄P10E3

最佳觀賞時間
櫻花 3月下旬～4月中旬
紅葉 11月下旬～12月上旬
打燈
春、夏、秋

湖月庵
偃月池
臥龍廊
書院
觀月台
開山堂
臥龍池
方丈
波心庭

圓山公園是欣賞名庭的好地方

「圓山公園」（☞P29）內的回遊式庭園以祇園的枝垂櫻聞名，由明治時代著名的植治，第7代小川治兵衛營造。
☎075-561-1350 **MAP**附錄P10E2

きたしょいんほくてい
北書院北庭 A

有著桃山時代特色，也就是堆砌巨石的豪邁庭園。有著強力感覺的三尊石組等十分協調的石組藝術極為出色

ほうじょうなんてい
方丈南庭 B

1994年進行整修工程的南庭，屬於一年四季都能欣賞到花朵和紅葉的設計

えんとくいん
圓德院

寧寧鍾愛的桃山式庭園

將寧寧和秀吉住過的伏見城化粧御殿移築後改為佛寺的高台寺塔頭，印象不同的二處庭園（北庭、南庭）極為可觀。其中，將御殿前庭移來打造的北書院北庭，幾乎維持了當時的原樣，也是日本的國家名勝。

☎075-525-0101 **住**京都市東山区高台寺下河原町530 **¥**500日圓 **⏰**10～17時（春夏秋的夜間特別參觀為21時30分停止入場）**休**無休（佛法事時休）**交**市巴士東山安井站牌步行5分 **P**150輛 **MAP**附錄P10E3

北書院旁的江戶時代茶室裡，可以品嘗抹茶和和菓子（另收500日圓，10～16時）

最佳觀賞時間
櫻花 3月下旬～4月上旬
紅葉 11月中旬～12月上旬
打燈 春、秋

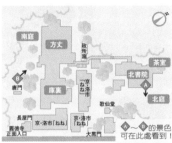

Ⓐ～Ⓑ的景色可在此處看到！

きりしまのにわ
霧島庭園 A

5月上旬時散步道旁的霧島杜鵑盛開，一片鮮紅。花期之外也可以欣賞庭園的造形

そうあみのにわ
相阿弥庭園 B

借景粟田山，又巧妙地利用了山麓的地形。龍心池上的跨龍橋頭的視野極佳

しょうれんいんもんぜき
青蓮院門跡

欣賞室町與江戶的二大庭園

起源是最澄在比叡山上興建的僧侶住坊，後來成為皇族的門跡寺院。內有室町時代相阿彌營造的池泉回遊式庭園，與江戶時代小堀遠州營造的霧島庭園，各異其趣的美感極富吸引力。以藍為基調的春秋二季打燈如夢似幻。

最佳觀賞時間
霧島杜鵑 5月上旬
紅葉 11月中旬～12月上旬
打燈 春、秋

☎075-561-2345 **住**京都市東山区粟田口三条坊町69-1 **¥**500日圓（夜間特別參觀為800日圓）**⏰**9～17時（入場～16時30分；春季的夜間特別參觀為21時，秋季的夜間特別參觀為21時30分停止入場）**休**無休 **交**地下鐵東山站步行5分 **P**5輛（夜間參觀時不可停車）**MAP**附錄P16A4

Ⓐ～Ⓑ的景色可在此處看到！

安土桃山、江戶時代庭園裡常見的石組，以石頭的組合方式來表現出瀑布、島、山和三尊佛等多種物體。

不妨到這裡走走！

清水寺周邊的推薦景點

ほうかんじ（やさかのとう）
法觀寺（八坂塔）

和聖德太子有淵源的塔

聖德太子在夢中接到了如意輪觀音的告示，建設了收納佛舍利的塔為此寺的起源。室町時代由足利義政重建，高約46公尺、周圍約6.4公尺平方的五重塔，是清水寺周邊的地標。**DATA** ☎075-551-2417 住京都市東山区八坂通下河原東入ル ¥400日圓（中學以下禁止參觀）⏰10～16時 休不定休 交市巴士東山安井站歩行5分 P無 MAP附錄P10D4

やさかこうしんどう
八坂庚申堂

分享猴子的靈驗景點

正式名稱為金剛寺庚申堂，據信為日本庚申信仰的發源地，並以「八坂的庚申神」聞名。分享猴子靈驗的手工御守裡，除了著名的包覆猴（くくり猿）500日圓之外，還有祈求手指靈巧手工進步的指猿200日圓等。**DATA** ☎075-541-2565 住京都市東山区金園町390-1 ¥免費 ⏰9～17時 休無休 交市巴士清水道站歩行5分 P無 MAP附錄P15A3

ろくはらみつじ
六波羅蜜寺

為民眾盡心盡力的名僧像不容錯過

據說是空也上人為了祈求壓制平安末期在京都流行的傳染病而興建的。保留了上人形象至今的空也上人像（日本的國家級重要文化財）口中出現6尊阿彌陀像令人印象深刻。**DATA** ☎075-561-6980 住京都市東山区五条通大和大路上ル東 ¥免費（寶物館600日圓）⏰8～17時（寶物館售票為8時30分～16時30分）休無休 交市巴士清水寺站歩行6分 P5輛 MAP附錄P4E1

ちおんいん
知恩院

國寶三門迎客的大寺院

承安5年（1175），淨土宗的開山始祖法然上人修建草庵以念佛修行為起始。之後受到豐臣秀吉及德川家康的庇護，發展成為占地內有眾多堂宇的大寺院。其中以元和7年（1621年）修築的三門，構造和規模上都是現存木造建築裡最大的雙重門，和寬永16年（1639）的御影堂同被指定為日本的國寶。這座御影堂到方丈之間的迴廊，一路下去就會發出像是黃鶯啼聲的聲音，又有「鶯張之廊下」之稱，是知恩院古來的七大不可思議之一。高3.3公尺、口徑2.8公尺，重達70噸的大鐘，是日本三大梵鐘之一。※目前御影堂正進行修復作業中，預定2019年完成。**DATA** ☎075-531-2111 住京都市東山区林下町400 ¥免費 ⏰9～16時 休無休 交市巴士知恩院前站歩行5分 P無 MAP附錄P10F1

ちょうらくじ
長樂寺

活在動亂中建禮門院淵源的佛寺

平安初期，桓武天皇的勅令下，由最澄創建為延曆寺的別院，也以平清盛之女建禮門院出家的佛寺聞名，收藏了建禮門院像等的遺寶。秋季時染紅寺內一片的紅葉也極著名。**DATA** ☎075-561-0589 住京都市東山区円山町626 ¥500日圓（特別展650日圓）⏰9～17時 休週四（特別參觀期間無休）交市巴士祇園站牌歩行11分 P無 MAP附錄P10F3

いるぎおっとーね
🍴 IL GHIOTTONE

滿是當令菜色的京都義大利餐廳

巧妙運用農戶直送新鮮京都蔬菜和京都食材的技術聞名的笹島主廚領軍的連鎖餐廳本店，午餐的全餐為5000日圓。使用當令鮮魚和精選肉品的主餐裡，還使用了大量的當地京都蔬菜。**DATA** ☎075-532-2550 住京都市東山区下河原通塔ノ前下ル八坂上町388-1 ⏰12時～14時30分、18時～21時30分 休週二 交市巴士東山安井站歩行10分 P無 MAP附錄P10D4

かわいかんじろうきねんかん
河井寬次郎紀念館

體會陶藝家感性豐富的生活

活躍於大正、昭和時期的陶藝家河井寬次郎自己設計的住家兼工坊。自然地陳列著自製的陶器和木雕以及愛用的各項用品，可以近距離體會到寬次郎的平穩的生活形態。產出無數作品的登窯也維持著當時的狀況。**DATA** ☎075-561-3585 住京都市東山区五条坂鐘鑄町569 ¥900日圓 ⏰10～17時（入館～16時30分）休週一（逢假日則翌日）交市巴士馬町站牌歩行3分 P無 MAP附錄P4E2

あこやぢゃや
🍲 阿古屋茶屋

享用色彩豐富的各種醬菜

最受歡迎的茶泡飯自助午餐1300日圓，共有茄子和柴漬等約20種的京都醬菜，和白米飯、十六穀米飯、清粥等盡情享用。還附了日本茶和最中餅（和菓子），是滿足度超高的菜色。**DATA** ☎075-525-1519 住京都市東山区清水3-343 ⏰11～16時LO 休無休 交市巴士清水道站歩行5分 P無 MAP附錄P15B3

國寶三門是現存最大的木造門

あうんぼ 阿吽坊

一汁三菜享用京都的多采美味

石板的通道以及和風建築帶來京都風情的日本料理餐廳。每天換菜的推薦一汁三菜4650日圓很受歡迎，包含了正統京都料理等各種美味。座墊座看出去的四季庭園景色，讓心情平和寧靜。
DATA ☎075-525-2900 **住**京都市東山区八坂鳥居前町下ル下河原町472 **⊕**17時～23時30分LO **休**週三 **交**市巴士東山安井站牌步行5分 **P**無 **MAP**附錄P10D4

ひさご ひさご

著名的親子丼入口即化

吸取了京都風味醬汁的雞肉，和滑嫩的半熟雞蛋混著米飯的親子丼1010日圓極負盛名，山椒的香氣和略甜醬汁十分對味。會用到醬汁的自製茶蕎麥麵等麵類值得一嘗。
DATA ☎075-561-2109 **住**京都市東山区下河原通八坂鳥居前下ル下河原町484 **⊕**11時30分～19時15分LO **休**週一（逢假日則翌日） **交**市巴士東山安井站牌步行3分 **P**無 **MAP**附錄P10D3

てん 天

多種自創的和風甜點

位於清水坂中途的時尚和風咖啡廳，創意來自和菓子的各式創作甜點種類多元，尤其是使用了一保堂茶舖抹茶的抹茶聖代972日圓（如圖）和熱抹茶歐蕾864日圓人氣均高；附設專櫃則販售日本雜貨。
DATA ☎075-533-6252 **住**京都市東山区清水2-208-10 **⊕**10時～17時30分(有季節性變動) **休**不定休 **交**市巴士清水道站牌步行7分 **P**無 **MAP**附錄P15B3

ちょうらくかん 長樂館

豪華的洋館咖啡廳

將建於明治42年（1909）的文藝復興樣式的洋館，在各房間都維持原狀下改裝為咖啡廳使用。過去曾作為客廳使用過的洛可可樣式「迎賓之間」，是一個可以優雅地享用英國式下午茶4000日圓一分的美好空間。**DATA** ☎075-561-0001 **住**京都市東山区祇園円山公園 **⊕**10～21時 **休**不定休 **交**市巴士祇園站牌步行5分 **P**10輛 **MAP**附錄P10E2

くろちくびわん くろちくび和ん

色彩繽紛的日本雜貨令人雀躍

和產寧坂景觀十分協調，有著特有風情的日本雜貨店。自用送禮都適宜的自創和風商品和飾品類多元。人氣的調配香水540日圓可以由櫻花、柚子和鈴蘭等10種不同香味自行挑選。**DATA** ☎075-551-9595 **住**京都市東山区清水3-340 **⊕**9～18時(有季節性變動) **休**無休 **交**市巴士清水道站牌步行7分 **P**無 **MAP**附錄P15B3

こはく かいらし COHAKU KAIRASHI

挑動大人心靈的好貨色

店名的「KAIRASHI」是京都方言裡「可愛」的意思。店內商品聚焦維持住成年可愛風的商品，和當地名店的合作商品十分多元。舞妓手機吊飾1944日圓。**DATA** ☎075-541-5405 **住**京都市東山区東大路高台寺南門通東入ル下弁天町58-3 **⊕**11～19時(平日為11時30分～、有季節性變動) **休**不定休 **交**市巴士東山安井站牌步行5分 **P**無 **MAP**附錄P10D4

前往曾奔走過幕末京都的坂本龍馬淵源之地

幕末的英雄坂本龍馬等志士們淵源很深的歷史景點探訪。

まるやまこうえん 圓山公園

櫻花名勝裡龍馬＆中岡像

以賞櫻名勝著稱的京都市最老公園。園內一隅設有坂本龍馬和中岡慎太郎的英挺雕像。
DATA
☎075-561-1350
(京都市都市綠化協會) **住**京都市東山区円山町 **¥⊕**自由參觀 **交**市巴士祇園站牌步行3分 **P**134輛 **MAP**附錄P10E2

きょうとりょうぜんごこくじんじゃ 京都靈山護國神社

奉祀明治維新眾志士的神社

內有坂本龍馬和中岡慎太郎的二座墓。**DATA** ☎075-561-7124 **住**京都市東山区清閑寺靈山町1 **¥**靈山墳墓參觀300日圓 **⊕**8～17時(入山為9時～) **休**無休 **交**市巴士東山安井站牌步行10分 **P**無 **MAP**附錄P10F4

ばくまついしんみゅーじあむりょうぜんれきしかん 幕末維新博館靈山歷史館

展示豐富的龍馬和新選組的資料

研究幕末維新的專門博物館。展示龍馬和新選組等的遺物、歷史資料。**DATA** ☎075-531-3773 **住**京都市東山区清閑寺靈山町1 **¥**500日圓(特別展期間為700日圓) **休**週一(逢假日則翌日) **交**市巴士東山安井站牌步行7分 **P**6輛 **MAP**附錄P10F4

📖 知恩院黑門前的路朝西走，就可以看到常出現在電影場景裡，有柳樹行道樹的白川（**MAP**附錄P10D1）。

重點看過來！

**亮麗街道漫步和
日式咖啡廳漫遊**

花街祇園裡，有許多深
具風情的小路和咖啡
廳。（☞P32）

重點看過來！

**滿是當令美味
在錦市場逛逛吃吃**

京都的市民廚房裡，有多
家可以逛逛吃吃的熟菜
店和甜點店。（☞P36）

舞妓愛用的
幾岡屋的花名片（☞P33）

重點看過來！

**時尚的町家咖啡廳
舒適地小憩片刻**

享受傳統和時尚交錯
的古都特有空間。（☞
P34）

祇園、河原町
就在這裡！

祇園
河原町
八坂神社
清水五条
清水寺
三十三間堂
京都

華麗而熱鬧的京都第一繁華鬧區

祇園・河原町

ぎおん・かわらまち

是這樣的地方

舞妓們行走的地方，祇園。紅柄格子的
料亭和茶屋棟棟相連的花見小路裡面享
受古都風情；而鴨川旁的先斗町和高瀬
川畔的的木屋町也值得一賞。京都最大
的鬧區河原町，主要道路四条通周邊有
許多大型的百貨公司。

access

●京都站出發
【巴士】
・在搭乘市巴士206系統17分的東山
安井，或19分的祇園下車
【電車】
・地下鐵烏丸線4分的四条站下車，
步行5分轉乘阪急電鐵烏丸線，2
分的河原町下車
・地下鐵烏丸線6分的烏丸御池站下車
・JR奈良線2分的東福寺站轉乘京阪
電鐵6分的祇園四条站下車

〔洽詢〕
☎075-752-7070
京都市觀光協會
廣域MAP 附錄P4F1～D1

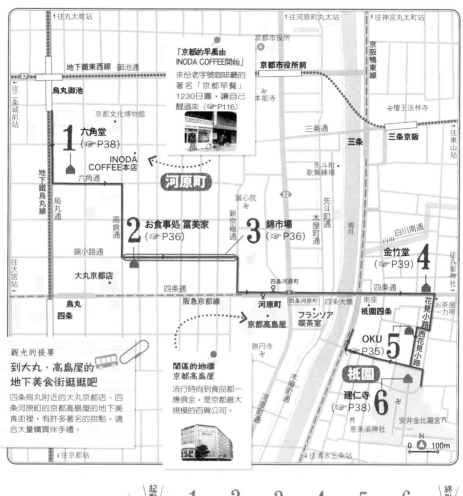

~祇園、河原町　快速導覽MAP~

往丸太町站

地下鐵東西線　御池通

烏丸御池

往二条城前站

「京都的早晨由 INODA COFFEE開始」
來份老字號咖啡廳的著名「京都早餐」1230日圓，讓自己醒過來 (☞P116)

京都市役所

京都市役所前

本能寺

往河原町丸太町站

往神宮丸太町站

京阪鴨東線

卍檀王法林寺

京都文化博物館

1 六角堂
(☞P38)

INODA COFFEE本店

六角通

三条通

三条

三条京阪

往東山站

河原町

地下鐵烏丸線

烏丸通

高倉通

2 お食事処 冨美家
(☞P36)

錦小路通

誠心院卍

新京極通

先斗町歌舞練場

先斗町通

木屋町通

3 錦市場
(☞P36)

鴨川

白川南通

4 金竹堂
(☞P39)

往八坂神社

往大宮站

大丸京都店

四条通

四条河原町

四条通

四条通

お茶屋一力亭

花見小路

西花見小路

烏丸四条

阪急京都線

河原町
京都高島屋

四条河原町

フランソア喫茶室

四条大橋

南座

祇園四条

5 OKU
(☞P35)

觀光的提要
到大丸、高島屋的地下美食街逛逛吧

四条烏丸附近的大丸京都店、四条河原町的京都高島屋的地下美食街裡，有許多著名的甜點。適合大量購買伴手禮。

勝円寺

鬧區的地標京都高島屋

流行時尚到食品都一應俱全，是京都最大規模的百貨公司。

木屋町通

河原町通

祇園

6 建仁寺
(☞P38)

安井金比羅宮卍

恵美須神社卍

0　　　100m

往京都站

往清水五条站

31

推薦的行程時間
6小時

信步遊逛全長400公尺的錦市場，前往雜貨店和咖啡廳集中的四条通，過了河原町站周邊和四条大橋一帶有許多店家。到建仁寺之間，則應該走十分雅緻的花見小路。

起點	1	2	3	4	5	6	終點
	寺院	和食	購物	購物	咖啡廳	寺院	
地下鐵 烏丸御池站	▶ 六角堂	▶ お食事処 冨美家	▶ 錦市場	▶ 金竹堂	▶ OKU	▶ 建仁寺	京阪 祇園四条站
	步行2分	步行10分	步行即可	步行15分	步行5分	步行3分	步行10分

四条通上有許多伴手禮的店家

悠閒遊逛舞妓們
往來其中的祇園街區

步行逛上一圈
約3小時

茶屋和石板路等富有京都風情的街區動人心弦的祇園。
就來走上一遭最有京都亮麗感受的當地名勝名店吧。

流向鴨川方向的白川畔石板路。很有京都的風情

起點！

しらかわみなみどおり
白川南通

一路都是京都感覺的水邊石板路

流向鴨川的白川和有著悠久歷史的
茶屋建築的石板路，垂柳和櫻花、
河水的流動聲音等和自然的協調也
很美，道中還有歌人吉井勇的歌
碑。

Y自由參觀 京阪祇園四条站步行5
分 P無 MAP附錄P11C1

一路都是有悠久歷史的茶屋建築，部分現在
作為餐飲店使用

步行
5分

步行
即到

たつみばし・たつみだいみょうじん
巽橋・辰巳大明神

最具代表的圖畫一般風景

電視和電影中經常出現的京都著名
外出景點。舞妓們經常走這條路去
練習和去店家，也會去辰巳大明神
祈求自己的技術精進。

Y自由參觀 京阪祇園四条站步行7
分 P無 MAP附錄P11C1

1 辰巳稻荷神社就是辰巳大明
神，是對藝事很靈驗的神社，自
古演藝人員的信仰就極深厚 2 巽
橋附近拍照留念的人絡繹不絕。
通往四条通的巷弄風情獨具

每個月固定使用不同花樣的花髮髻25000日圓～，光是看就有優雅的感覺

大受舞妓歡迎的烏龍麵

在祇園工作的人們喜愛的「麵処おかる」。多種菜色裡，在年輕舞妓中人氣最高的是起司肉咖哩烏龍麵1050日圓。☎075-541-1001 **MAP**附錄P11C2

いくおかや
幾岡屋

舞妓們愛用的
各色亮麗商品

從藝妓、舞妓的髮飾到貼身用品，一應俱全的日本雜貨店。手工印刷表現的季節圖畫極美的花名片，是女生們最愛的人氣品項。

☎075-561-8087 住京都市東山區祇園町南側577-2 ⏰11時30分～19時 休週四（逢假日則營業）交京阪祇園四条站步行2分 P無 **MAP**附錄P11C2

綴織的花名片夾
735日圓

舞妓們愛用的
手印花名片
1張75日圓～

步行
3分

不愧是供應知恩院的老店，正統的香皂很齊全。也有平常使用的線香。

とよだあいさんどう
豊田愛山堂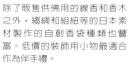

裝飾可愛的優雅日本香氣

除了販售供佛用的線香和香木之外，緞綢和組紐等的日本素材製作的自創香袋種類也豐富。低價的裝飾用小物最適合作為伴手禮。

☎075-551-2221 住京都市東山區祇園町北側277 ⏰9時30分～18時30分 休週三 交京阪祇園四条站步行3分 P無 **MAP**附錄P11C2

1 可以作為裝飾品的正絹製香袋、茶花4860日圓
2 香袋、組紐1080日圓有多種配色

步行
即到

かぎぜんよしふさ ほんてん
鍵善良房 本店

守住傳統的
葛切一定要吃！

江戶中期創業的老字號和菓子店。可以在後方茶房享用的葛切，是講究材料和現做現吃的名點，沖繩產黑糖做成黑蜜的濃郁甘甜，和滑順入喉的感覺十分美妙。

☎075-561-1818 住京都市東山區祇園町北側264 ⏰9時30分～17時45分LO 休週一（逢假日則營業，翌日休）交京阪祇園四条站步行3分 P無 **MAP**附錄P11C2

以信玄便當式的漆器供應的葛切950日圓

面對著後庭園，寬敞而具有開放感的店內。四處裝飾的美術精品也值得觀賞

終點！

やさかじんじゃ
八坂神社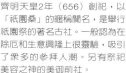

花街附近的神祇
暱稱為「祇園桑」

齊明天皇2年（656）創祀，以「祇園桑」的暱稱聞名，是舉行祇園祭的著名古社。一般認為在除厄和生意興隆上很靈驗，吸引了眾多的參拜人潮。另有祭祀美容之神的美御前社。

☎075-561-6155 住京都市東山區祇園町北側625 ¥⏰休自由參觀 交市巴士祇園站牌即到 P50輛 **MAP**附錄P10D2

位於四条通盡頭的堂皇西樓門，是拍照留念的著名景點

據說將八坂神社的美御前社湧出的「美容水」沾在皮膚上祈願，不但外觀變美，連內心都會美起來。

在古都氛圍的
町家咖啡廳享受絕頂幸福

京都的傳統建築物町家，有著獨特的寧靜與安穩。
本章介紹可以享受美味的茶與甜點的著名町家咖啡廳。

有著燈籠和楓樹整理出端正坪庭的窗邊景色宛如圖畫

四条烏丸

さろん・ど・て お・ぐるにえ・どーる

サロン・ド・テ
オ・グルニエ・ドール

以當令的蛋糕
描寫季節的變遷

名聞全日本蛋糕師的沙龍店。挑選水嫩
的當令食材和美妙的裝飾上都十分著名
的蛋糕，在有著坪庭、屋齡75年的雅緻
町家裡悠然享用。每個季節都會新做的
蛋糕是人氣的標的。

☎075-468-8625 📍京都市中京区堺町通錦
小路上ル519-1 🕐11～19時 🈺週三、週二四
不定休(每月1次) 🚉地下鐵四条站步行8分 🅿
無 MAP附錄P13C3

❶細緻地妝點上濃郁巧克力慕
斯的金字塔550日圓 ❷隔著庭
園的後方房間氛圍更加寧靜和
沉穩，古老的玻璃窗也很有味
道 ❸不只是景點，坪庭還具
有將光和風帶進前後狹長室內
的功用 ❹留有古老黑瓦屋頂
的店外觀。店內蛋糕的展示櫃
也很出色

原是旅館的咖啡廳
味道也好氣圍也好
都溫暖而可喜

將原是旅館的町家改裝而成的
「Café冨月」。在古老的空間裡享用
了使用豆腐和豆渣這些有益身體的
甜點，身體和心靈都能放鬆。
☎075-561-5937 **MAP**附錄P11C3

祇園
おく

OKU

在祇園的時尚空間裡
享用重視食材的甜點

位於由花見小路再向裡一條巷弄裡，擁
有非常有味道的外觀。正因為是花背的
料理旅館「美山莊」主人開設的店，因
此艾草等山林美味和有著日本食材風味
的菜色極受歡迎。內裝也十分優美。

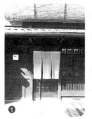

☎075-531-4776
🏠京都市東山區祇
園町南側570-119
🕐午餐11時30分～
14時30分LO、晚
餐17～20時30分LO
💤週二 🚇京阪祇園
四条站步行5分 **P**無
MAP附錄P11C3

❶將80年歷史的町家改裝而成。是晚
餐也提供單點菜色的和風酒吧 ❷時尚
的1樓部分。中庭配有山上的樹木和湧
水，營造出美山的自然 ❸大量使用宇
治抹茶的抹茶聖代1290日圓 ❹窗外可
見到祇園街景的2樓，柔和的自然光照
射進來

祇園
ぎおん にち

祇園 NITI

新舊十分調和的
風情滿溢美空間

留有古老美好的日本風情，同時改造為
時尚風的咖啡廳。自製醬汁的刨冰和以
火鉢烤成食用的欠餅年糕等，都是在傳
統之中感受得到創新的菜色。19時之後
一變成為高雅的酒吧（酒吧時間不供應
咖啡廳餐點）。

☎075-525-7128
🏠京都市東山區祇園
町南側570-8 🕐咖
啡廳11～18時、酒吧
19時～翌2時 💤咖
啡廳不定休、酒吧週
日、假日 🚇京阪祇園
四条站步行5分 **P**無
MAP附錄P11C3

❶花見小路進入窄小的巷弄，格子窗
和白色布簾就是了 ❷茶屋的風情與現
代設計融為一體的店內。北歐風格的
內裝也十分協調 ❸林上季節醬汁來品
嘗的刨冰1200日圓 ❹日式暖桌座位的
包廂和沙發座都有

📖 江戶時代末期有超過700家茶屋的祇園。濃厚京都風情的建築物，現今大都利用為咖啡廳或酒吧。

在京都的廚房錦市場
輕鬆地邊逛邊吃京都美食

支持古都食生活400餘年的錦市場。390公尺長的商店街裡有超過100家店面。就悠閒漫步一番,享用喜歡的美食吧!

▲剛炸好的豆漿甜甜圈10個250日圓
◀不會很膩的豆漿霜淇淋250日圓

豆腐和豆皮等商品種類多元。可以吃到新鮮的生豆皮

こんなもんじゃ

創造健康身體的豆漿甜點

販售著名豆腐製品商「京とうふ藤野」使用豆漿製成的健康甜點。一口大小的甜甜圈和霜淇淋最適合邊逛邊吃!

☎075-255-3231 ⊕京都市中京区錦小路堺町西入ル ⊙10~18時(甜甜圈~17時左右) 休無休 交地下鐵四条站、阪急烏丸站步行5分 ℗無 MAP 附錄P13C3

可以單買1個的Q彈麩饅頭226日圓

布簾上的「ふ」字很可愛。可以在店前的長椅上食用

麩嘉 錦店

麩做的饅頭口感新穎

京生麩的專門店。除了著名的艾草麩之外,九層塔、南瓜等不常見的口味等共提供超過20種的生麩。另有季節限定品和錦店限定品等。

☎075-221-4533 ⊕京都市中京区錦小路通柳町北東角 ⊙9時30分~18時(週三~17時30分) 休週一、1~8月的最後週日 交地下鐵四条站、阪急烏丸站步行5分 ℗無 MAP 附錄P13C3

高倉通　山久商店 ●　　三　一　堺町通　二　　　かね松 ●　柳馬場通　四　河一商店　七

錦小路通

◀往四条站

お食事処 冨美家

備受喜愛的京風烏龍麵

長久以來人氣居高不下的錦市場內烏龍麵店。「冨美家鍋」暱稱聞名的京風鍋燒烏龍麵670日圓,料多味美又可以暖和身體。

☎075-222-0006 ⊕京都市中京区堺町通錦小路上ル ⊙11時~16時30分(週六~17時) 休無休 交地下鐵四条站、阪急烏丸站步行5分 ℗無 MAP 附錄P13C3

放了年糕、炸蝦天婦羅、香菇的冨美家鍋

敬請享用使用京都優質名水和精選食材的京都美味

池鶴果実

當令的自製果汁

錦市場內唯一的水果專門店。由新鮮的水果裡挑選出最當令的水果,再當場打成新鮮的果汁。可以喝到多種多樣的組合。

☎075-221-3368 ⊕京都市中京区錦小路通柳場町東入ル ⊙11~18時LO(週三) 交地下鐵四条站、阪急烏丸站步行3分 ℗無 MAP 附錄P13C3

店頭放著果汁機,就在眼前現打!

◀酪梨和水梨牛奶400日圓
▼各色水果擺放的店面。有時會有罕見的水果販賣

 京都的傳統蔬菜

在京都的風土之下種出來的,有著獨特外觀和風味的京都蔬菜。錦市場內的かね松、四寅、川政、河一商店(MAP 附錄P12D3~P13C3)等處可以買到。

海老芋
時令●10月下旬~1月芋頭品種,因為外觀像蝦子因而得名。粘性強而肉質紮實,久煮不爛。

賀茂茄子
時令●6月下旬~10月江戶時代傳下來的食材,特色是紮實的肉質和口感。是做田樂很著名的食材。

磨出黑豆粉享用吧

「黑豆茶庵 北尾 錦店」裡，只要點了御手洗團子或蕨餅，就會有自己用石白磨黑豆粉的樂趣。

☎075-212-0088 **MAP**附錄P13C3

清爽易入喉的辛口酒坤滴，720㎖ 1555日圓

講究的美味辣油648日圓

五 津之喜酒舖
つのきしゅほ

江戶時代傳承至今的酒店

天明8年（1788）創業，在京都開業長達200多年的老字號酒店。除了販售日本各地的著名特產酒之外，也販售多種調味料。手工的美味辣油為無添加、無色素的極品。

☎075-221-2441 **住**京都市中京區錦小路通富小路東入ル **⏰**10～18時 **休**第2週三 **交**阪急河原町站步行5分 **P**無 **MAP**附錄P13C3

東西南北的罕見酒類齊全，還有不少只能在此店買到的酒

滑嫩雞蛋和軟嫩雞肉的親子丼770日圓

六 まるき
まるき

必吃！市場的人氣親子丼

老客人和觀光客熱鬧非凡，可以輕鬆享用的店內。各種烏龍麵、蕎麥麵之外，還有可以吃飽的蓋飯類等，有著紮實味道的著名菜色多元。

☎075-221-5927 **住**京都市中京區錦小路通御幸町東入ル **⏰**12時～17時 **休**週三 **交**阪急河原町站步行8分 **P**無 **MAP**附錄P12D3

質樸而舒適的店內。人多時需大桌併桌

富小路通 黑豆茶庵北尾 錦店 五
川政

麩屋町通

四寅

御幸町通

寺町通

 六 八

往河原町站

七 三木鷄卵
みきけいらん

像和菓子般的小玉黃餡麵包5個450日圓

雞蛋菜色和黃餡麵包都是極品

在市場中央位置的雞蛋專門店。即使有段距離也能聞到高湯香氣的店頭，擺放著許多以新鮮為賣點的雞蛋，和精心製作的極品雞蛋製品。

☎075-221-1585 **住**京都市中京區錦小路通富小路西入ル **⏰**9～18時 **休**無休 **交**地下鐵四条站、阪急烏丸站步行5分 **P**無 **MAP**附錄P13C3

偏甜口味的雞蛋喬鬆たまちゃん300日圓

客人絡繹不絕的店前。展示櫃裡滿是人氣的煎蛋卷

八 錦・高倉屋
にしき・たかくらや

京都傳統蔬菜壬生菜的淺漬450日圓

餐桌上少不了的醬菜

店面上放置的大量木桶引人目光的京都醬菜店。將農家天天送來、各個季節精選新鮮蔬菜，由技術高超的師傅醃漬而成。也販售蕪菁的創意極可愛的禮品用包巾。

☎075-231-0032 **住**京都市中京區錦小路通寺町西入ル **⏰**10時～18時30分 **休**不定休 **交**阪急河原町站步行5分 **P**無 **MAP**附錄P12D3

冬季的代名詞，聖護院蕪菁千枚漬650日圓

在吉野杉的木桶內直接放入米糠醃漬

九条蔥
くじょうねぎ

時令●1～2月栽培的歷史可以追溯到奈良時代。蔥質柔嫩風味佳，常用在壽喜燒和麵類上。

聖護院蘿蔔
しょうごいんだいこん

時令●10月下旬～2月下旬江戶時代，在聖護院的農家栽培長蘿蔔，後來改種圓形的。味甜少苦味，不易煮爛。

萬願寺辣椒
まんがんじとうがらし

時令●6月下旬～8月據說起源在舞鶴市的萬願寺。個頭大而外皮軟帶有甜味，適合用來燒烤、紅燒和天麩羅等。

📖 京都的農林水產品裡，品質特別優異的24品項會貼有「京のブランド產品」的標籤。

祇園、河原町的推薦景點

にしきてんまんぐう
🏯 錦天滿宮

鎮座繁華鬧區正中央的古社

主神是學問之神菅原道真。天正15年（1587）年由豐臣秀吉的都市計劃而遷移至此地。除了商業繁盛和學問的靈驗之外，還有境內湧出的名水「錦之水」，和自製的御守、籤詩等，眾多參拜客而熱鬧非凡。**DATA** ☎075-231-5732 📍京都市中京區新京極通四条上ル中之町537 ¥免費 🕐8時～20時30分 休無休 🚉阪急河原町站步行5分 P無 **MAP**附錄P12D3

ろっかくどう
🏯 六角堂

嵯峨天皇的良緣引領下

據傳為聖德太子建立的佛寺。境內有據說位於京都正中心的臍石，和嵯峨天皇娶妃的傳說中的大柳樹，樹木上綁著無數的籤詩。**DATA** ☎075-221-2686（池坊）📍京都市中京區六角通東洞院西入ル堂之前町248 ¥免費 🕐6～17時（納經為8時～）休無休 🚉地下鐵烏丸御池站步行3分 P無 **MAP**附錄P13B2

やすいこんぴらぐう
🏯 安井金比羅宮

結良緣切惡緣的神祇

康和2年（1100）左右創建，以「安井的金比羅桑」暱稱聞名的神社。手持寫有祈願的神代紙，由貼滿了神代紙的石碑正面鑽過去則是切掉惡緣，而從背面鑽過則是締結良緣。另有美髮祈願的久志塚和繪馬館等。**DATA** ☎075-561-5127 📍京都市東山區東大路松原上ル下弁天町70 🕐休自由參觀 🚉京阪祇園四条站步行15分 P6輛 **MAP**附錄P11C4

けんにんじ
🏯 建仁寺

京都最古老的禪宗佛寺景點眾多

建仁2年（1202），源賴家捐贈寺地，由臨濟宗的開山祖師榮西開設的禪寺。占地內南北一直線裡包含了三門、法堂、方丈等，安座三門內部的釋迦如來像和十六羅漢，本尊安座的法堂天花板上描繪的雙龍圖等景點眾多，其中在2002年由小泉淳作繪製的雙龍圖更是不可錯過。而寺中也以收藏了江戶時代著名畫家俵屋宗達的代表作、國寶「風神雷神圖屏風」聞名，本坊大書院裡可以欣賞到壯觀的風神雷神圖屏風摹本。2013年，日本國家重要文化財的方丈屋頂重建工程完工，恢復到建成時的杮葺屋頂。**DATA** ☎075-561-6363 📍京都市東山區大和大路四条下ル小松町584 ¥500日圓 🕐10～17時（11～2月～16時30分）休無休 🚉市巴士東山安井站牌步行5分 P45輛 **MAP**附錄P11B3

天花板俯瞰的壯觀雙龍圖

やたでら
🏯 矢田寺

代人受苦的地藏菩薩

平安遷都後，建成為奈良矢田寺別院的佛寺。在地獄救贖眾人們的本尊地藏菩薩立像，是座約高2公尺的立像，因為代人受苦的代受苦地藏而擁有眾多的信眾。**DATA** ☎075-241-3608 📍京都市中京區寺町三条上ル ¥免費 🕐8～19時 休無休 🚉京都站搭乘市巴士205系統16分的河原町三条下車步行5分 P無 **MAP**附錄P12D2

せいがんじ
🏯 誓願寺

在落語發源的佛寺祈求藝能精進

飛鳥時代創建於奈良的淨土宗西山深草派的總本山。由於戰國時代的住持被奉為落語的始祖等因素，此寺被認為是藝能精進之寺而廣獲信仰。清少納言及和泉式部都在此寺落髮為尼也極著名。**DATA** ☎075-221-0958 📍京都市中京區新京極通三条下ル桜之町453 ¥免費 🕐9～17時 休無休 🚉京都站搭乘市巴士205系統16分的河原町三条下車步行5分 P無 **MAP**附錄P12D2

ちそういなせやほんてん
🍴 馳走いなせや 本店

在氣派的町家裡大啖京都土雞

午餐提供親子丼和擔擔麵，晚餐則是全餐等可以吃到京都土雞美味的餐廳。其中最值得享用的是午餐限定的土雞三吃（ひつまむし）1280日圓。第一吃是直接食用；第二吃是加入調味料，第三吃則是加入雞高湯成以茶泡飯，三種都美味。**DATA** ☎075-255-7250 📍京都市中京區三条柳馬場上ル油屋町93 🕐11時30分～14時、17～22時30分LO 休不定休 🚉地下鐵烏丸御池站步行5分 P無 **MAP**附錄P13C1

おばんざいなのはな
🍴 おばんざい菜の花

讓心情舒爽的空間和家庭的味道

脫了鞋子進到設有日式暖桌座位的店內，就宛如到了朋友家拜訪一般的氛圍。可以吃到京都家庭風味的招牌午套餐1600日圓，使用了當令鮮魚和蔬菜、豆腐等調理而成，營養豐富而均衡。**DATA** ☎075-241-7786 📍京都市中京區御幸町通六角下ル伊勢屋町338 🕐12時～14時30分LO、17時30分～22時LO 休週三（週二不定休）🚉阪急河原町站步行8分 P無 **MAP**附錄P12D2

🍴 スコルピオーネ吉右
すこるぴおーねきちう

菜色和景色都絕佳的義大利餐廳

店前有高瀬川，店內又可以看到鴨川流水的絕佳地理位置。提供大量使用當令食材的正統義大利鄉土料理。晚全餐5800日圓～等單點菜色也多種多樣。**DATA** ☎075-354-9517 ⬛京都市下京区西石垣通四条下ル斉藤町133-140-18 🕐11時30分～14時30分、17～22時30分 🈳無休 🚃阪急河原町站步行5分 🅿無 **MAP** 附錄P12E4

🍣 豆皿懷石 祇をん豆寅
まめざらかいせき ぎをんまめとら

像和菓子般可愛的小壽司

位於花見小路祇園甲部歌舞練習場對面的餐廳。蔬妓門喜愛的手done壽司博得好評。使用小盤裝菜的懷石料理裡，又以一口大小的小壽司膳3800日圓（午）、小壽司懷石8000日圓（晚）最受歡迎。**DATA** ☎075-532-3955 ⬛京都市東山区祇園花見小路下ル歌舞練場前 🕐11時30分～14時LO、17～21時LO 🈳無休 🚃京阪祇園四条站步行7分 🅿無 **MAP** 附錄P11C3

🍵 ぎをん小森
ぎをんこもり

連京都風情一併下肚的大人甜品

原來是茶屋的建築物，旁邊就是白川流domain，地理位置絕佳。自製抹茶布丁的滑潤口感會讓人一吃上癮的小森抹茶布丁聖代1500日圓等，甜味高雅的甜點，吸引了無數的男女粉絲。**DATA** ☎075-561-0504 ⬛京都市東山区祇園新橋元吉町61 🕐11～20時30分（週日、假日～19時30分）🈳週三 🚃京阪祇園四条站步行4分 🅿無 **MAP** 附錄P11C1

🍵 茶寮 翠泉
さりょう すいせん

費時費工的抹茶待客

模倣茶室的店內，有著傳統日本風情的同時，還有著時尚感的休憩空間。有著拿鐵拉花的濃醇抹茶歐蕾630日圓等，有許多可以吃到濃郁抹茶風味的甜點。也有作為伴手禮的烤菓子。**DATA** ☎075-278-0111 ⬛京都市下京区高辻通東洞院東入ル稲荷町521 🕐10時30分～17時30分LO 🈳週三 🚃地下鐵四条站步行5分 🅿無 **MAP** 附錄P5C1

🛍 カランコロン京都 本店
からんころんきょうと ほんてん

亮麗可愛的京都雜貨

色彩鮮豔的格子狀布簾很容易辨識的日本雜貨店。以古典風格有京都感覺的格子狀、日式花紋和舞妓等為題材做出的雜貨，有足袋襪子、美妝、文具等多樣領域的產品，而且色彩繽紛。各種顏色的口金包1080日圓～。**DATA** ☎075-253-5535 ⬛京都市下京区四条通小橋西入ル真町83-1 🕐10時30分～20時30分 🈳無休 🚃阪急河原町站即到 🅿無 **MAP** 附錄P12E3

🛍 原了郭
はらりょうかく

著名料亭競相指名的極品

京都的著名主廚都愛用的黑七味（筒6g 1080日圓）。為了展現食材的原味，而不計時間精神做出來的黑七味，有著圓融的香氣與適中的辣度。明治到大正年間是宮內廳指名購買的御香煎（筒13g 1080日圓）也著名。**DATA** ☎075-561-2732 ⬛京都市東山区祇園町北側267 🕐10～18時 🈳無休 🚃京阪祇園四条站步行4分 🅿無 **MAP** 附錄P11C2

📷 説不定能夠碰到舞妓！？

垂帶加上木屐的舞妓，是日本女性憧憬的對象。想看看舞妓的話就來這裡吧。

弥栄会館ギオンコーナー
やさかかいかんぎおんこーなー

近距離觀賞舞妓的舞蹈

觀賞日本的傳統表演約1個小時。個人前往不需預約。**DATA** ☎075-561-1119 ⬛京都市東山区花見小路通四条下ル 弥栄会館内 💴3150日圓 🈳參考網站 🚃京阪祇園四条站步行5分 🅿20輛 **MAP** 附錄P11C3 🌐http://www.kyoto-gioncorner.com/

切通し 進々堂
きりとおし しんしんどう

舞妓常會光臨的花街咖啡廳

舞妓命名的紅的、綠的、(あかい・～の みどり・～の) 各350日圓等的水果凍十分出名。**DATA** ☎075-561-3029 ⬛京都市東山区祇園町北側254 🕐10～17時（販售～18時30分左右）🈳週一（喫茶4月休）🚃京阪祇園四条站步行3分 🅿無 **MAP** 附錄P11C2

金竹堂
きんたけどう

日常可以使用的種類豐富髮飾

持續製作舞妓髮髻花飾的髮簪。可以使用的花髮簪500日圓～有著高人氣。**DATA** ☎075-561-7868 ⬛京都市東山区祇園町北側263 🕐10～20時 🈳週四（逢假日則營業）🚃市巴士祇園站牌步行4分 🅿無 **MAP** 附錄P11C2

📖 寫有藝妓或舞妓名字的團扇，是分送給常去光顧的店。團扇數量多的店，碰到藝妓舞妓的機會也大。

重點看過來！

三門加水路閣…
觀賞古剎的美景

南禪寺一帶有中世～近
代的歷史建築。（☞
P46）

重點看過來！

四季不同美景
漫步在哲學之道

有名的哲學家反覆思索
讓心靈平靜的散步道。
（☞P48）

重點看過來！

在京都最具代表性的
美術館欣賞藝術品

蒐集了出自於京都近現
代藝術的京都市美術
館。（☞P48）

銀閣寺、哲學之道
就在這裡！

出町柳　銀閣寺（慈照寺）
京都御所　哲學之道
元離宮　二条城　南禪寺
河原町　平安神宮　蹴上
烏丸　清水寺
丸太町　東山
京都　東海道新幹線

AYANOKOJI 岡崎
本店的可愛口金
包是新的熱門伴
手禮（☞P49）

行經哲學之道漫步平安神宮周邊

銀閣寺、哲學之道

ぎんかくじ・てつかくのみち

是這樣的地方

表現出侘與寂wabi-sabi世界觀的銀閣寺
延伸出去的哲學之道，是一條有著豐富
大自然的散步道。有著櫻花、新綠、紅
葉等四季不同的美景，路旁有數座寧靜
沉穩的佛寺。像王朝繪卷般壯麗的平安
神宮，和匯集周遭京都數一數二的美術
館也值得一遊。

a c c e s s

●京都站出發

【巴士】
・在搭乘市巴士17系統33分的銀閣寺
道、34分的淨土寺、35分的錦林車庫
前下車
・在搭乘市巴士100系統23分的岡崎公
園美術館・平安神宮前、24分的岡崎
公園 動物園前、26分的岡崎道、33
分的銀閣寺前下車

【電車】
地下鐵烏丸線6分的烏丸御池站轉乘，
東西線5分的東山站，7分的蹴上站下車

洛詢
☎075-752-7070
京都市觀光協會
廣域MAP 附錄P2D2

~銀閣寺、哲學之道　快速導覽MAP~

觀光的提要

要順利前往
岡崎的關鍵

離開哲學之道前往岡崎時，要記住架在疏水上的寺前橋。出到了白川通後就有巴士可以搭乘，是節省時間的路徑。

王道伴手禮
發源店的購物

備有在內餡上下了工夫的生八橋，和西式糕點風格的商品。

時尚感性的琳派作品充實

展示琳派等細見家3代的收藏品。（☞P49）

銀閣寺（慈照寺）
（☞P42） **1**

2 **法然院**
（☞P45）

4 **平安神宮**
（☞P49）

3 **グリル小宝**
（☞P51）

5 **京都市美術館**
（☞P48）

6 **南禪寺**
（☞P46）

0　200m　N

推薦的行程時間

5小時

從銀閣寺沿著哲學之道向南走。去逛過東側山麓上的法然院，跨過琵琶湖疏水前往白川通。由天王町的交叉路口出到丸太町通，再向西行到平安神宮。

起點	1	2	3	4	5	6	終點
	寺院	寺院	餐廳	神社	參觀	寺院	
市巴士銀閣寺道站牌	銀閣寺（慈照寺）	法然院	グリル小宝	平安神宮	京都市美術館	南禪寺	地下鐵蹴上站
	步行2分	步行10分	步行25分	步行3分	步行3分	步行15分	步行7分

不裝飾的美最富吸引力
侘與寂wabi-sabi的世界 銀閣寺

和金碧輝煌的北山金閣寺有著懸殊差異，追求純樸之美的銀閣寺。
親身體會侘與寂的建築與高雅不俗的庭園之美，交織而成禪的世界。

ぎんかくじ（じしょうじ）
銀閣寺（慈照寺）

侘與寂美學的禪剎

文明14年（1482），室町幕府8代將軍足利義政開始營造山莊，但本人在尚未完工之前就過世，之後由於義政的遺言而成為了禪寺。國寶觀音殿（銀閣）和東求堂，是在質樸之中有著高雅氣質的東山文化象徵。白砂造形的銀沙灘和向月台的對比也極為美妙。

☎075-771-5725 🏠京都市左京區銀閣寺町 ¥500日圓（特別拜觀為本堂、東求堂、弄清亭1000日圓）🕐8時30分～17時（12～2月為9時～16時30分、特別拜觀為10～16時）🚫無休 🚃市巴士銀閣寺道站牌步行5分 🅿無 MAP附錄P16C1

推薦路線

| 1 參道 | → | 2 向月台 | → | 3 銀沙灘 | → | 4 本堂（方丈） | → | 5 東求堂 | → | 6 觀音殿（銀閣） |

繞上一圈 40分

さんどう
參道
石垣、竹圍牆、植物園牆等三層構成的銀閣寺外牆，據說含有區隔現世與淨土之間界線的意味在內 ❶

分隔現世與淨土
綠意極美的植物圍牆

侘與寂濃縮起來的
四疊半的空間

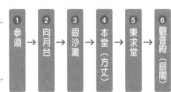

とうぐどう
東求堂
建來作為供奉義政牌位，是現存最古老的書院。每年春秋二季的特別拜觀，以及10人以上團體預約可參觀 ❺

ほんどう（ほうじょう）
本堂（方丈）
與謝蕪村、池大雅繪製的紙門書，可以在春秋二季的特別拜觀時看到（團體全年均可預約）❹

0　20m

N

俯瞰銀閣寺的
山頂展望台
景觀絕佳

時間上充裕時,應走過通到境內後
方的散步路,前往山頂的「展望
所」。由可以看到京都市區的高角
度看到的銀閣寺又有另番風情。
MAP 境內圖P42-**7**

銀閣寺、哲學之道 ● 侘與寂(wabi-sabi)的世界 銀閣寺

將月光的反射也加入
考量的高雅建築藝術

こうげつだい
向月台
為了欣賞由東山升起的月
亮,推測興建於江戶初
期、圓錐梯形的堆砂造
形。高度約為1.8公尺 **②**

かんのんでん(ぎんかく)
觀音殿(銀閣)
1樓是書院建藝的心空殿、
2樓則是祭祀觀音像的佛堂
潮音閣的2層樓結構。沒有
貼過銀箔的痕跡 **⑥**

ぎんしゃだん
銀沙灘
和向月台同為看月亮的
設計之一。據說砂上的
圖樣,是為了讓月光反
射的紋路 **③**

銀閣寺境內的販賣部裡,有販售仿真向月台和銀沙灘的俵屋吉富製的糖果10個裝945日圓,很適合作為伴手禮。

在有著寧靜古剎的哲學之道輕鬆散步

步行逛上一圈約3小時

春天欣賞著櫻花，秋天看著紅葉，悠閒漫步在疏水的散步道上。
佛寺和咖啡廳讓思緒飛揚，再感受沉靜心靈的古都風情。

哲學之道
てつがく みち

被選為「日本之道百選」之一，可以欣賞到四季各異風情的散步道。西田幾多郎等京都的哲學家都喜歡來此散步，讓思緒飛揚。春天，銀閣寺～南禪寺之間的琵琶湖疏水旁，盛開著日本畫大師橋本關雪淵源的關雪櫻。**MAP** 附錄 P16C2

Qu-an 花樣術
くあん かようじゅつ

1

可愛的雜貨與風雅的店內

將150年歷史的倉庫改裝而成的店內，洋溢著京都的味道。以季節花草調配而成的各式商品，手工的日本雜貨，以及自創商品種類均多。

☎075-761-3662 🏠京都市左京區銀閣寺町39 🕙10～17時 🈺週四 🚌市巴士銀閣寺前站牌步行8分 🅿無 **MAP** 附錄 P16C1

1 小泉誠設計的木製花器2160日圓～ 2 各種顏色的穿洞玻璃珠和香的套組1080日圓 3 高天花板，由倉庫改造的店內，有著花草和香的高雅香氣

琵琶湖疏水分流

哲學之道

至銀閣寺

🚩銀閣寺前

🚩南田町

うるしの常三郎 哲学の道店
うるしのつねさぶろう
てつがくのみちてん

2

伴手禮到日用品都有

可以用低廉價格買到好用日常用品的店。山毛櫸做的啤酒杯和洛樂椀等，讓每天的用餐更有樂趣的商品齊全。

☎075-751-0333 🏠京都市左京區淨土寺上南田町71-2 🕙10～18時 🈺不定休 🚌市巴士淨土寺站牌步行7分 🅿無 **MAP** 附錄P16C2

1 洛樂椀18000日圓，是在大碗裡收入色彩繽紛的碗盤的96件組 2 漆的光澤極美的各色商品。由高級漆器到日常用漆器都有，種類豐富

銀閣寺 喜み家
ぎんかくじ きみや

3

淡淡的甜味讓人心情舒緩的甜點店

可以悠閒度過的甜點店。豆寒天（豆かん）600日圓的每顆豆子都煮的膨鬆美味，可以配合著心情搭配各種料來享用。

☎075-761-4127 🏠京都市左京區淨土寺上南田町37-1 🕙10時30分～17時30分 🈺不定休 🚌市巴士銀閣寺前站牌步行3分 🅿無 **MAP** 附錄P16C2

1 豆寒天加上豆沙配料的紅豆寒天650日圓 2 復古氛圍的店真的就是古老餡蜜店的感覺

那個有臉形狀的抹茶卡布其諾
以吸油紙聞名的よーじゃ。風雅日
式房舍 「よーじゃ銀閣寺店ショッ
プ＆カフェ」 的抹茶卡布其諾670
日圓。☎咖啡廳075-754-0017
MAP附錄P16C2

綠意豐美的自
然裡消除掉旅
途的疲憊

ほうねんいん
法然院　4

感受四季各異的風情
享受心靈平靜的片刻

鎌倉時代初期，法然上人和弟子
一起虔誠念佛進行特別修行時的
草庵遺跡。穿過風雅茅草屋頂的
山門後，兩側設有白砂壇象徵流
水來清淨人心。以早上較早時間
到訪為宜。

☎075-771-2420 **住**京都市左京区鹿
ヶ谷御所ノ段町30 **¥**免費 **⏱**6～16時
（有季節性變動）**休**無休 **交**京都站搭
市巴士100系統32分的宮ノ前町，轉
乘32系統3分的南田町下車步行5分
P無 **MAP**附錄P16C2

1 通過表示水的砂壇之間，意味
著進入了身心純潔淨的淨域 2 茅
草屋頂長著苔蘚的特別山門。境
內是紅葉和山茶花的名勝

 5

鹿ヶ谷通

至南禪寺 →

 上宮ノ前町

5

おおとよじんじゃ
大豐神社

鼠鎮座的古社

一般認為治病健康和福德長壽上很
靈驗的大豐神社。也以「鼠的神
社」聞名，境內鎮座的不是狛犬
而是"狛鼠"。四季花卉極美。

☎075-771-1351 **住**京都市左京区鹿ヶ谷
宮ノ前町宮有地 **¥**自由參觀 **交**京都
站搭乘市巴士100系統29分的宮ノ前町下
車步行4分 **P**5輛 **MAP**附錄P16C3

1 據傳對治病和招福等
很靈驗的御守800日圓
2 大豐對鼠土鈴1500日
圓 3 面對左側的鼠抱著
表示小孩、長壽的水
球，右側則持有表示學
問的卷軸

かのうしょうじゅあん
きょうとちゃしつとう
叶匠寿庵
京都茶室棟

有著季節感的
香氣豐饒抹茶

可以在自然圍繞下有著京都風
情的店內，享用現做抹茶。除
了喫茶之外還販售和菓子，是
可以在散步哲學之道時小憩片
刻的店家。

☎075-751-1077 **住**京都市左京区
若王子町2-1 **⏱**10時～16時10分
LO ※和菓子販售～17時 **休**週三（有
季節性變動）**交**京都站搭乘市巴士5
系統34分的南禪寺·永觀堂道下車步
行15分 **P**5輛 **MAP**附錄
P16C3

1 使用桌椅來現做抹
茶，以吸引更多的人認
識抹茶 2 當場製作的抹
茶搭配季節和菓子1080
日圓

6

聽得到小河
潺潺水聲的
寧靜小路

透過修行進行學習
在南禪寺學習禪心

臨濟宗南禪寺派的大本山南禪寺裡，可以體驗到嚴格而正統的
坐禪和抄經。就來讓身心重新啟動，學習禪的悟道吧。

什麼是禪？

指的是鎌倉時代由中國傳來的佛教宗派「禪宗」。
視釋迦開悟的坐禪為最重要的修行，
將正面面對真正自我為開悟的境地。

◆ 坐禪 ◆
ざぜん

靜靜地坐著，面對自己的
本心和本性，讓心靈清
淨，心靈將出現所有的人
和事物都是美好存在的聲
音。這就是悟道的境地，
而追求悟道的修行就是坐
禪。

曉天坐禪的主要會場，
南禪寺方丈旁的龍淵
閣。道場廣達75坪。

坐禪體驗的流程

一 先從打招呼開始
先從道「おはようございます（早
安）」開始，坐禪始於禮也終於
禮。教導姿勢，手腳和盤放方式、
呼吸的方式等坐禪的基本。

二 坐禪的方式
手掌朝上方式將右手重疊在左手
上，拇指相結；將雙腳放在另一邊
的大腿上，初學者可以只放單邊。
安靜地面對自己，調整身體、呼吸
和心跳。

三 以香板（警策）警惕專心
要求使用香板來警惕姿勢勿亂心勿
鬆弛，前後勿忘施禮。坐禪結束之
後聽僧人講道，最後誦經結束。

南禪寺
<small>なんぜんじ</small>

隨處可見象徵禪宗寺院
最高位階的裝飾

正應4年（1291），將龜山法皇的離宮改為禪林禪寺的臨濟宗南禪寺大本山。室町時代為「五山之上」而成為禪宗寺院的最高位階。日本三大門之一的三門，和「虎子渡河之庭」的小堀遠州作枯山水庭園都不應錯過。

☎075-771-0365 🏠京都市左京区南禪寺福地町86 💴方丈庭園500日圓、三門500日圓 🕐境內自由進出（方丈庭園、三門為8時40分～17時 ※12～2月為～16時30分） 🚫12月28～31日 🚇地下鐵蹴上站步行10分 🅿50輛（2小時以內1000日圓） 🗺附錄P16C3

莊嚴的三門樓上可以一覽廣闊的境內

架構在境內的水路閣是絕佳的拍照景點

體驗資訊

___ 曉天坐禪 ___

📍南禪寺 龍淵閣
🕐每月第2、4週日6～7時（11～3月為6時30分～7時30分、8月休會、12月第4週日、1月第2週日休會）
💴免費 ⏱1小時
👥1～100人
👔不貼身的寬鬆衣服，需要盤腿最好著長褲
📅不需

___ 抄經會 ___

📍南禪院
🕐每月15日13～15時（8月休會）
💴1000日圓
⏱40分～1小時 👥1～45人
👔服裝不限 📅預約不需

◆ 抄經 ◆
<small>しゃきょう</small>

起始自推廣佛教經典舉辦的抄經活動。不久後成為禪寺等佛教的修行之一，成為追求心靈寧靜和願望成就人們的心靈依靠。

會場的南禪院是龜山法皇的離宮原址、南禪寺發源地。據說庭園是法皇自己設計製作

抄經體驗的流程

先從勤行開始
先聽僧侶的讀經和法話。也請僧侶說教事前的心理準備，以讓情緒安穩，並讓自己更希望能夠抄經。

集中精神開始抄經
以集佛教大意的「般若心經」為本開始抄經。不必在意是否寫得漂亮，而是心懷虔敬，一個字一個字仔細抄寫。

奉納抄經
在「心願能長久通佛」意味下，將抄經燒香3次奉納於佛前。抄經會結束後，僧侶會進行祈願。

平安神宮一帶
愉悅而自在的藝術之旅

步行遊上一圈
約5小時

有著王朝風雅的平安神宮一帶，是京都首屈一指的藝術區。
各具特色的3座美術館和可以買到日式時尚雜貨的商店都集中在此。

起點！

きょうとこくりつきんだいびじゅつかん
京都國立近代美術館

展示近現代的多采藝術作品

以京都街道意象設計的格子狀外牆極為新穎的建築物。將藏有京都和關西地區為主的近現代作家作品約1萬件，一年約進行6次的展品更替作業。時尚的美術館商店和咖啡廳也得去消費一下。

☎075-761-4111 住京都市左京区岡崎円勝寺町 岡崎公園 ¥視展覽而異 ⏰9時30分～17時 休週一（逢假日則翌日）🚌市巴士岡崎公園 美術館・平安神宮前站牌即到 P無 MAP附錄P16A3

1 販售高水準作家作品和自創商品，以及展覽會圖錄等的美術館商店不應錯過 2 位於平安神宮大鳥居西側，槙文彥設計的時尚外觀和周邊的綠意十分融合 3 現代的設計十分時尚。由4樓的大玻璃帷幕窗也可以看到東山的景色

步行4分

步行即到

きょうとしびじゅつかん
京都市美術館

欣賞現存最古老的公立美術館建築

紀念昭和天皇即位大典，以「大礼記念京都美術館」之名，於昭和8年（1933年）成立。收藏著日本的近現代美術品為主的約3100件作品，在主辦展中開放參觀。公募展和國外來的大型企劃展也值得觀賞。美術館後方的庭園是市民休憩之處。

☎075-771-4334 住京都市左京区岡崎円勝寺町124 ¥視展覽而異 ⏰9～17時（入館～16時30分） 休週一（逢假日則閉館） 🚇地下鐵東山站步行10分 P無 MAP附錄P16A3

MUSEUM GOODS

代表現代的日本畫家
一筆箋350日圓

1 一進去左右邊的窗戶、階梯上的格子天花板便讓有彩繪玻璃，有著莊嚴的氛圍 2 內裝大量地使用了大理石。平緩曲線的階梯具有古典感 3 有金箔裝飾的門十分具有堂皇建築物的威嚴 4 帝冠樣式的建築。讓上之壁磚並有著千鳥破風的屋頂

有著琵琶湖疏水流經的悠閒區域

在附設了展示廳的咖啡廳小憩片刻

2011年開幕的咖啡廳「Rokujian」有著木材溫暖感受的休憩空間，旁邊則附設了展示廳。附沙拉、飲料的午餐980日圓～。☎075-771-7140 MAP 附錄P16B3

ほそみびじゅつかん

細見美術館

展示眾多琳派精品

展示品多為實業家細見家第3代收集的精品。尤其是伊藤若沖和琳派等江戶時代的繪畫作品收集更多，地下室的博物館商店也有許多相關商品販售。

☎075-752-5555 🏠京都市左京区岡崎最勝寺町6-3 💴視展覽而異 🕙10～18時（入館～17時30分）休週一（逢假日則翌日）、展品更換期間 🚃京都站搭乘市巴士206系統25分的東山二条・岡崎公園口下車步行3分 🅿無 MAP 附錄P16A3

MUSEUM GOODS

小狗和兔子的清水燒小碟3240日圓適合日常使用

1 地下室的咖啡廳中庭設有溫和自然光射入的露台座。3樓還有視野良好的茶室 2 京都町家概念設計成的現代建築。獨創性的企劃展每每備受矚目

步行5分

へいあんじんぐう

平安神宮 ⛩

重現平安王朝的風雅世界

明治28年（1895），為了紀念平安遷都1100年而創建，主祭神是桓武天皇。部分平安朝大內縮小重建的紅色建築十分亮麗。

☎075-761-0221 🏠京都市左京区岡崎西天王町 💴參觀神苑600日圓 🕙6～18時（神苑為8時30分～17時30分※有季節性變動）休無休 🚃市巴士岡崎公園 美術館・平安神宮前站牌步行3分 🅿無 MAP 附錄P16A3

OMAMORI

幸福的櫻守、長壽橘守各800日圓

聳立在神宮道上高24.4公尺的大鳥居是京都的地標之一。秋季的時代祭大遊行會在市中心遊行

步行3分

終點！

あやのこうじ おかざきほんてん

AYANOKOJI 岡崎本店

多種口金包雜貨

多彩的帆布和唐草花色的口金包雜貨是京都伴手禮的新亮點。商品都由現代的名工等師傅級手工製成，好用而堅固的好評。

☎075-751-0545 🏠京都市左京区岡崎南御所町40-15 🕙10～18時 休不定休 🚃地下鐵東山站步行12分 🅿無 MAP 附錄P16B3

1 山型狀眼鏡盒（小 金襴）2700日圓、卡片盒（千鳥格子）1944日圓、3.5吋零錢包（口金包紋 大版）1998日圓 2 岡崎本店裡可以自備喜歡的布料委託訂製

 在岡崎的京都動物園（MAP 附錄P16B3）裡，右後腳上有心形模樣的網紋長頸鹿「未來將」人氣很高。

不妨到這裡走走！

銀閣寺、哲學之道的推薦景點

真如堂
しんにょどう

拯救女性的阿彌陀如來是本尊

永觀2年（984）奉祀比叡山慈覺大師的阿彌陀如來為起始。由於傳說這尊阿彌陀如來對於「前往京都是否為了拯救婦人，尤其是女人？」的問題，3次點頭同意，因而來自女性的信仰尤其深厚。●DATA☎075-771-0915 ❶京都市左京區淨土寺真如町82 ❷本堂、庭園500日圓（境內自費）❸9～16時（受理～15時45分）❹不定休 ❺市巴士錦林車庫前、真如堂前站牌步行8分 ●MAP附錄P16B2

金戒光明寺
こんかいこうみょうじ

關乎新選組誕生的歷史舞台

以「黑谷桑」聞名的淨土宗寺院，也是元祖法然上人結草庵之地。幕末時京都守護職會津藩的本陣設置於此，成為了新選組發源的地方。境內有會津藩士的墓所，也是2013年NHK大河劇「八重之櫻」中英雄人物新島八重淵源之地。●DATA☎075-771-2204 ❶京都市左京區黑谷町121 ❷免費 ❸9～16時 ❹無休 ❺市巴士岡崎道站牌步行10分 ●MAP附錄P16B2

詩仙堂
しせんどう

漢詩傑出文人淵源的寺院

江戶時代的文人石川丈山隱居的曹洞宗寺院，內藏有狩野探幽的畫上由丈山提詞的中國詩家肖像畫『三十六詩仙像』。唐樣庭園裡有據傳為丈山發明的添水響聲。●DATA☎075-781-2954 ❶京都市左京區一乘寺門口町27 ❷500日圓 ❸9～17時（受理～16時45分）❹無休（5月23日的丈山忌不開放參觀）❺京都站搭乘市巴士5系統48分的一乘寺下り松町下車步行7分 ●MAP攜帶地圖背面H2

永觀堂（禪林寺）
えいかんどう（ぜんりんじ）

陶醉於本尊與紅葉之美

曾被《古今和歌集》吟詠「後山岩石上的紅葉顏色極美，卻在無人關愛下消逝」，形容紅葉之美、自古即是著名的觀賞紅葉景點。歌詠的藤原關雎死後，仁壽3年（853）時，弘法大師的高足真紹購買隱居所作為真言宗道場是此寺的起始，鎌倉時代初期起吸收了淨土宗的流派，後成為了淨土宗西山禪林寺派的總本山。本尊阿彌陀如來像面朝左後方的獨特姿勢，又有「回首阿彌陀像」之稱，這個姿勢來自於回頭看高僧永觀的阿彌陀像傳說。佛像是平安末期～鎌倉初期的作品，為洛陽六阿彌陀之一。建於山丘的多寶塔可以一覽京都的市區，即使不是紅葉時節依然值得一訪。●DATA☎075-761-0007 ❶京都市左京區永觀堂町48 ❷600日圓（秋季的寺寶展為1000日圓）❸9～16時 ❹無休 ❺京都站搭乘市巴士5系統34分的南禪寺・永觀堂道下車步行3分 ●MAP附錄P16C3

金地院
こんちいん

雄偉而高雅的方丈庭園不容錯過

慶長10年（1605），由德川家康重用的禪僧以心崇傳重建的南禪寺塔頭。家光時代由桃山城移築而來的方丈裡裝飾有狩野探幽的紙門畫，前方則有小堀遠州作的枯山水庭園「鶴龜之庭」。●DATA☎075-771-3511 ❶京都市左京區南禪寺福地町86-12 ❷400日圓 ❸8時30分～17時（12～2月為～16時30分）❹無休 ❺地下鐵蹴上站步行5分 ●MAP附錄P16B4

曼殊院門跡
まんしゅいんもんぜき

遇見四季各異的自然美

最澄創建於比叡山為起始。室町時代後期起，成為了皇室一門擔任住持的門跡寺院，明曆2年（1656）移至現址。枯山水庭園裡，春天的霧島杜鵑和秋季的紅葉格外美麗。●DATA☎075-781-5010 ❶京都市左京區一乘寺竹ノ內町42 ❷600日圓 ❸9～17時（受理～16時30分）❹無休 ❺京都站搭乘市巴士5系統49分的一乘寺清水町下車步行20分 ●MAP攜帶地圖背面H2

修學院離宮
しゅうがくいんりきゅう

上皇灌注熱情的洛北新世界

萬治2年（1659），後水尾上皇接受了德川幕府的進獻，在比叡山麓營造。離宮內有著數寄屋造的書院和女院御所、池泉回遊式庭園等，建築和造園的名作。約1小時20分的參觀重點，在上離茶屋占地內，以浴龍池為中心的大庭園；可以欣賞到借景群山的壯麗風景。參觀需在參觀日前3個月的當月1日起，郵寄或上網日本宮內廳京都事務所參觀係窗口、網站（HP http://sankan.kunaicho.go.jp/）申請。（截止日視申請方式而異，額滿即告結束）●DATA☎075-211-1215（宮內廳京都事務所）❷免費 ❸需申請參觀 ❹週六日、假日、新年期間、活動舉辦日（第3週六和3～5月、10～11月的週六可參觀）❺京都站搭乘市巴士5系統52分的修學院離宮道下車步行15分 ●MAP攜帶地圖背面H2

秋天被約3000株紅葉染成一片通紅

浴龍池會舉辦風雅的乘船遊

重森三玲庭園美術館
しげもりみれいていえんびじゅつかん

近距離觀賞重森流的作庭哲學

將昭和的作庭家重森三玲故居局部開放的美術館。三玲自己設計的書院內枯山水庭園，雄偉的石組和白砂、苔蘚的優美感融為一體。**DATA** ☎075-761-8776 ⓘ京都市左京区吉田上大路森町34 ¥書院、庭園、茶室1000日圓（只看書院、茶室600日圓）🕙11時、14時前一天17時之前需預約）🚉京都站搭乘市巴士206系統31分的京大正門前下車步行10分 **MAP** 附錄P16A2

名代おめん 銀閣寺本店
なだいおめんぎんかくじほんてん

以多彩的調味料品嘗時令蔬菜

招牌菜御膳1150圓是一種沾麵，使用自製烏龍麵，搭配當令的蔬菜和鹹甜調味的芝麻牛蒡絲等6～7種的調味料沾用醬汁食用。香氣佳Q彈性也出色。**DATA** ☎075-771-8994 ⓘ京都市左京区浄土寺石橋町74 🕙11～20時30分 🈺不定休 🚉市巴士銀閣寺道站牌步行6分 **MAP** 附錄P16C2

ロク
ろく

精選融入生活裡的良品

以好用又不會膩的設計為基準，由店主精選的生活用品和器皿的商店。商品內容廣泛，對野田琺瑯和白雪手巾等的暢銷品，到大分縣小鹿田燒、沖繩讀谷北燒北窯的器皿等行家喜好的物品等都有。☎075-756-4436 ⓘ京都市左京区聖護院山王町18メ匸岡崎101 🕙11～19時 🈺週三 🚉京都站搭乘市巴士206系統27分的熊野神社前下車步行1分 **MAP** 附錄P16A3

無隣菴
むりんあん

前往新世界的近代日本庭園

明治29年（1896）完工的明治、大正時期元勳山縣有朋的別墅。山縣有朋自己設計、監修的池泉回遊式庭園，由小川治兵衛負責作庭。引入琵琶湖疏水的水，借景東山的雄偉景色值得一遊。**DATA** ☎075-771-3909 ⓘ京都市左京区南禅寺草川町31 ¥410日圓（附抹茶700日圓）🕙9～17時（入園～16時30分）🈺無休 🚉地下鐵蹴上站步行7分 **MAP** 附錄P16B3

グリル小宝
ぐりるこだから

費時費工的正統洋食

昭和36年（1961）創業的洋食店。維持50年的正統味道和令人滿意的份量備受好評，其中尤其是使用精燉10天半釉汁的蛋包飯940日圓和紅燴牛肉飯1200日圓都具有極高的人氣。**DATA** ☎075-771-5893 ⓘ京都市左京区岡崎北御所町46 🕙11時30分～21時45分 🈺週二和第2、4週三 🚉市巴士岡崎公園 動物園前站牌步行5分 **MAP** 附錄P16B3

銀閣寺キャンデー店
ぎんかくじきゃんでーてん

男女老少都喜歡的懷舊口味

昭和23年（1948）創業的冰棒專門店。汽水和草莓的冰棒60日圓～，和加了水果的牛奶冰棒140日圓等，都是往昔受到歡迎的口味。古老的店面也是此店的特色。**DATA** ☎075-771-5349 ⓘ京都市左京区浄土寺東田町56 🕙11～19時（週六～11時、週日為13～21）時 🈺週二、第2週日、週一 🚉市巴士銀閣寺道站牌即到 **MAP** 附錄P16B1

白沙村莊 橋本關雪紀念館
はくさそんそう はしもとかんせつねんかん

追求京都畫壇大師的美的空間

日本畫家橋本關雪的故居。廣闊的占地內，有畫室、茶室、庭園等，到處都展示有關雪的作品和淵源物品。除了繪畫之外，建築和石造美術等精品十分具有參觀的價值。**DATA** ☎075-751-0446 ⓘ京都市左京区浄土寺石橋町37 ¥800日圓 🕙10～17時（受理～16時30分）🈺無休 🚉市巴士銀閣寺前站步行2分 **MAP** 附錄P16C1

Au Temps Perdu
オ タン ペルデュ

享受法國的日常美食

法國菜餐廳Bellecour的姊妹店，是外帶的專門店。附設的沙龍可以品嘗到香氣撲鼻的紅茶和點心。蛋糕套組1100日圓～、午套餐1800日圓。**DATA** ☎075-762-1299 ⓘ京都市左京区岡崎円勝寺町64-1パークハウス京都岡崎有楽荘 🕙11～20時（內用為19時30分LO）🈺週一、週二不定休 🚉地下鐵東山站步行5分 **MAP** 附錄P16A3

> column
> ### 引導向藝術世界的 京都代表性個性派書店
>
> 最近，以高格調書店聞名的「惠文社一乘寺店」。特色是在藝術和文化領域的選書上。**DATA** ☎075-711-5919 ⓘ京都市左京区一乘寺払殿町10 🕙10～22時 🈺無休 🚉京都站搭乘JR奈良線2分的東福寺站轉乘京阪本線，在16分的出町柳站轉乘叡山電鐵5分的一乘寺站步行3分 **MAP** 附錄P8F3

今白川通到詩仙堂途中的「一乘寺下り松」（MAP／攜帶地圖背面H2），是劍豪宮本武藏和吉岡一門決鬥獲勝之地。

重點看過來！

在龍安寺的石庭和禪心面對面

作庭人和年代、意義都不明的神秘石庭。（☞P56）

重點看過來！

悠閒自在地散步花街－上七軒

京都最古老、和秀吉有深厚淵源的花街，日本雜貨和日本甜點也豐富。（☞P58）

金閣寺就在這裡！

龍安寺 金閣寺（鹿苑寺）
仁和寺
北野天滿宮
太秦
京都御所
二条城
京都

平野神社的櫻鈴御守（☞P53）

都是世界遺產或是名勝古蹟

金閣寺周邊
きんかくじしゅうへん

是這樣的地方

京都觀光的王道金閣寺，和龍安寺、仁和寺等世界遺產集中的區域。這一帶總是擠滿了觀光客，要覺悟人擠人。祭祀學問之神菅原道真的北野天滿宮也值得一遊。周邊的花街上七軒，有著風雅的多條街區。

a c c e s s

●京都站出發
【巴士&電車】
・市巴士101系統33分的北野天滿宮前、34分的わら天神前、40分的金閣寺道、45分的大德寺前下車
・市巴士26系統38分的妙心寺北門前、39分的京福妙心寺站前、41分的御室仁和寺下車
・市巴士50系統27分的上七軒、37分立命館大學前下車
・地下鐵烏丸線15分的北大路站轉乘市巴士北1系統15分，鷹峯源光庵前下車

（洽詢）
☎075-752-7070
京都市觀光協會
廣域MAP 附錄P3C2

~金閣寺周邊 快速導覽MAP~

觀光的提要
西大路通的移動應由北往南

京都高低落差最大的路是西大路通。由北往南走時是下坡路的緣故，最好要北邊方位出發。

1 金閣寺(鹿苑寺)

安民池
鏡湖池

金閣寺

2 敷地神社
（☞P60）

3 笹屋守栄
（☞P61）

千本釋迦堂是私房賞櫻名勝
名為「阿龜櫻」的枝垂櫻花盛開。
（☞P60）

京都府立堂本印象美術館

往龍安寺

絹掛之路

立命館大

立命館大學國際和平博物館

釘抜地蔵(石像寺)
本久寺

市民最愛的賞花景點
春季時擠滿當地賞花客的平野神社。
☎075-461-4450 **住**京都市北区平野宮本町1 **¥時休**自由參觀 **交**市巴士衣笠校前站牌即到 **P**20輛

平野神社

北野天滿宮
（☞P58）

4

千本釋迦堂

5 上七軒 くろすけ
（☞P59）

上善寺

上七軒

往今出川站

千本今出川

金臺寺

等持院

嵐電北野線

往龍安寺站

北野白梅町

北野天滿宮前

今出川通

北野天滿宮前

6 まつひろ商店 上七軒店
（☞P59）

宥清寺
西雲寺

往円町

0　　　　200m
N

53

推薦的行程時間

5小時30分

由金閣寺經西大路通向東行，進入北野天滿宮後方一帶，就到了有著古老街區的住宅區。步行約5分鐘的上七軒裡，有不少富有京都風情的町家。

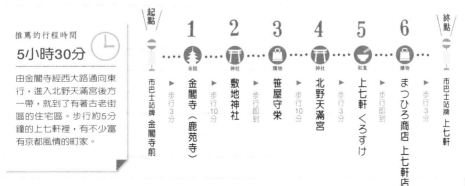

起點		1	2	3	4	5	6		終點
		寺院	神社	購物	神社	和食	購物		
市巴士站牌 金閣寺前	▶	金閣寺（鹿苑寺）	▶ 步行3分 敷地神社	▶ 步行10分 笹屋守栄	▶ 步行即到 北野天滿宮	▶ 步行10分 上七軒 くろすけ	▶ 步行3分 まつひろ商店 上七軒店	▶ 步行即到	市巴士站牌 上七軒 步行3分

金閣寺周邊

運用關鍵字&圖片
金閣寺周邊的學習之旅

這個區域的特徵就是世界遺產很集中。金閣寺、龍安寺、仁和寺一路下來，
再經過絹掛之路（P56），就可以來趟佛寺之旅。

綠意極美的
絹掛之路

關鍵字1 世界遺產之路

這個區域的特徵就是世界遺產很集中。
金閣寺、龍安寺、仁和寺一路下來，再
經過絹掛之路（☞P56），就可以來趟
佛寺之旅。

龍安寺美麗的
石庭裡有著禪的
精神寄宿其中

關鍵字2 禪心

最能表現出禪宗思想的，是有著名庭園的龍安
寺（☞P56）。各處堆疊的白砂，以及大小共
15個石頭。看到了神秘的石頭庭園，應該會出
現特別的感受。

關鍵字3 花街的風情

京都五花街裡，上七軒（☞P58）擁有最悠久的歷史。到了此地，可以享用四季各異的和菓子，買些日式雜貨，也可以享受町家風情滿布的氛圍。

可以吃到季節和菓子的老松 北野店（P58）

在花街上七軒亮麗晃遊

三光門是日本的重要文化財

關鍵字4 學問之神

天神信仰的發源地－北野天滿宮（☞P58），祭祀的是以學問之神聞名的菅原道真。內有美麗的三光門，分別象徵了日、月、星。

仁和寺的五重塔高度約36公尺

關鍵字5 櫻花

京都當地人最愛前往賞花的，有平野神社（☞P53），和五重塔與櫻花的景色極美的仁和寺（☞P57）等，春季也非常適合前往賞櫻。

絹掛之路
遊逛世界遺產之路

觀賞一圈
約5小時

位在衣笠山麓上的路，留有宇多天皇鋪上絲絹模仿白雪的故事。
世界遺產金閣寺、龍安寺、仁和寺都在這條路上，可以悠閒遊逛一番。

一路上都是京都著名景點的觀光道路

絹掛之路

繞著衣笠山麓呈現弧形，全長約2.5公里的絹掛之路，由金閣寺前經過龍安寺，一路通到仁和寺前。
MAP附錄P17B2

1 よりみち
よりみち

眾多的日本雜貨可以作為伴手禮

金閣寺斜對面的日本雜貨店。季節儀式相關的擺放物，以及使用和紙、皺紗製成的小物，可以作為伴手禮的品項多元。
☎075-461-3640 🏠京都市北区衣笠馬場町42-7 ⏰10～17時 休無休 🚌市巴士金閣寺道站牌即到 ❐無 MAP附錄P17C1

時尚色系的皺紗寬口口金包各972日圓

由於是玻璃帷幕，在外面也看得到可愛的雜貨，不由得想停下腳步

往鷹峯　🏠金閣寺前　1　 絹掛之路 　　立命館大学前 　🧭 N

金閣寺 (鹿苑寺)　🏠金閣寺前　　立命館大学前 🏠2

2
きょうとふりつどうもといんしょうびじゅつかん
京都府立堂本印象美術館 1

堂本印象設計全館藝術的美術館

堂本印象是京都的藝術家，參與了眾多寺社佛閣的障壁畫製作。美術館會定期以收藏品為中心設定主題展示，印象自己設計的美術館本身也是藝術作品。
☎075-463-0007 🏠京都市北区平野上柳町26-3 💴500日圓 ⏰9時30分～17時 休週一 🚌市巴士立命館大学前站牌即到 ❐8輛 MAP附錄P17B2

1 運用堂本印象素描繪成的書套1080日圓 2 牆面做了像是抽象畫般的浮雕，十分吸睛。堂本印象自己設計而成 3 印象為了展示自己作品而在1966年設立，收藏超過2000件的作品

3

りょうあんじ
世界遺產
龍安寺

神秘的石庭園表現出禪的思想

寶德2年（1450），細川勝元創建，並以義天玄承為第一代住持。密布的白砂裡擺放大小15個石頭的方丈前庭，是舉世聞名、表現出禪的教誨的著名庭園。
☎075-463-2216 🏠京都市右京区龍安寺御陵下町13 💴500日圓 ⏰8～17時（12～2月為8時30分～16時30分）休無休 🚌市巴士竜安寺前即到 ❐100輛 MAP附錄P17A2

1 方丈的每一處都能看到的創意值得注意 2 由於放了15個石頭，又有「七、五、三之庭」或「虎子渡河之庭」的別名 3 庫裏原來是寺內的廚房之意，現在則是參觀人士的進出大門 4 有著沉穩風雅氛圍的古老苔庭位於方丈西側。新綠的綠色十分吸睛 5 將釋迦話語「吾唯足知」（精神的滿足超越肉體）圖案化的手水鉢。展示為複製品

著名的絹掛漬作為伴手禮

龍安寺門前的「京つけもの 富川」。除了著名的品項之外，因為絹掛之路，模仿純白絲綢的羅蔔絹掛漬626日圓極為著名。☎075-466-6675 **MAP**附錄P17A2

にんにんじ

6 仁和寺 世界遺産

以御室櫻聞名的典雅門跡寺院

仁和4年（888），宇多天皇創建的真言宗御室派的總本山。此寺是直到明治時代都由皇族擔任住持的門跡寺院。除了國寶的金堂之外，還有多處國家級重要文化財的五重塔和觀音堂等。

☎075-461-1155 住京都市右京区御室大內33 ¥免費（櫻花開花期間為500日圓；御殿和靈寶館各500日圓）◷9～17時（12～2月為～16時30分）※30分前停止受理 休無休 交市巴士御室仁和寺站牌即到 P120輛 MAP附錄P17A2

往宇多野 ➤

1 寬永21年（1644）興建的五重塔高約36公尺。各層屋頂幾乎相同大小極富特色 2 左右的金剛力士立像極為雄偉的二王門，和知恩院、南禪寺並稱為「京都的三大門」之一 3 天皇和勅使進出時使用的門，有鳳凰和唐草的鏤空雕刻等細致的作工 4 櫻花形的開運御守500日圓

竜安寺前　御室　5　御室仁和寺

竜安寺前　3　4　御室　6　御室仁和寺

せいげんいん

4 西源院

在風雅的名剎境內享用湯豆腐料理

位於龍安寺鏡容池畔的塔頭西源院裡，可以觀賞整理得十分良好的日本庭園，同時享用七草湯豆腐和精進料理。

☎075-462-4742 住京都市右京区龍安寺御陵下町13 龍安寺境內 ◷10時～16時30分LO 休無休 交市巴士、JR巴士竜安寺前站牌步行3分 P80輛（龍安寺駐車場）MAP附錄P17A2

おむろさのわ

5 御室さのわ

當令蛋糕和餅乾搭配日本茶小憩片刻

可以搭配內行人才知道京見峠名水沖泡的精選日本茶430日圓～和深焙咖啡520日圓，享用當令的蛋糕和維也納蛋糕。

☎075-461-9077 住京都市右京区御室樫町25-2デラシオン御室1F ◷10～18時 休週一 交市巴士御室仁和寺站牌步行2分 P1輛 MAP附錄P17A2

加入季節時蔬的七草湯豆腐1500日圓。和盛裝在紅漆盤皿內的精進料理的套餐3300日圓

絹掛之路到西源院的風雅參道

維也納林茲蛋糕「さのわ」（可以外帶）和京番茶的套組700日圓

建築師竹山聖設計的現代日式空間，最適合遊逛世界遺產時小憩之用

有絹掛傳說的宇多天皇，是平安時代初期的第59代天皇。在仁和寺出家成為第一位法皇一事也極著名。

由北野天滿宮到上七軒
漫步有典故的街區

京都5花街裡擁有最悠久歷史的花街-上七軒。
走在都是町家建築的街區裡,飽覽古都的風情。

步行逛上一圈約2小時

1町家建築密集的寧靜街區還留有古都的風情 2豆沙3個和黃豆粉2個的套組600日圓 3風雅古木的招牌和白色燈籠就是了 4在今出川通旁的巨大石鳥居 5撫摸境內各處都有的神牛像就可以心想事成 6每年都有許多考生前來祈禱考試成功 7繪馬500日圓上祈求學業成就和武藝進步 8有日月星雕刻的三光門是日本的國家級重要文化財

起點!

あわもちどころ・さわや
粟餅所·澤屋

老店的名點
鬆軟的糯米菓子

天和2年(1682)創業至今13代,北野天滿宮的門前茶屋而盛名遠播的老店。客人點用後才製作的北野名物粟餅,有著現做現吃才品味得到的鬆軟口感。

☎075-461-4517 住京都市上京區北野天滿宮前西入南側 ◷9〜17時(賣完即打烊) 休週四、每月26日 交市巴士北野天滿宮前站牌即到 P無 **MAP**附錄P17C2 ●圖片:2 3

步行3分

きたのてんまんぐう
北野天満宮

天神信仰發源之地,日本天滿宮、天神社的總本社

祭祀的主神是學問之神菅原道真。國寶的本殿為慶長12年(1607),由豐臣秀賴興建。早春時境內滿是梅花競豔。

☎075-461-0005 住京都市上京區馬喰町 ¥免費 ◷5〜18時(冬期5時30分〜17時30分) 休無休 交市巴士北野天滿宮前站牌即到 P300輛(每月25日因神誕日禁止停車) **MAP**附錄P17C2 ●圖片:4 5 6 7 8

步行3分

おいまつ きたのてん
老松 北野店

細致出色的
四季各異和菓子

店前擺放做糕餅的模子很有歷史感的北野天滿宮御用和菓子店。細心製作的和菓子也適合作為伴手禮,喜慶時也能夠錦上添花。

☎075-463-3050 住京都市上京區今出川通御前東入社家長町675-2 ◷8時30分〜18時 休不定休 交市巴士上七軒站牌步行7分 P無 **MAP**附錄P17C2 ●圖片:9 10 11

步行即到

⑨實際使用過的糕點模子 ⑩老店優雅古老的外觀融入了花街之中 ⑪手製的和菓子可以在場內用 ⑫和式座位可以欣賞到有著添水的典雅中庭 ⑬朧豆腐的小梅全餐3240日圓（限午餐）⑭種類眾多花幾個小時都不知道該買什麼 ⑮適合裝零錢的圓形的口金包648日圓等人氣高 ⑯飾品、帶扣、髮飾等都是手工製作 ⑰可以掛在手機和錢包上的裝飾各1600日圓

終點！

かみしちけん くろすけ
🍜 上七軒 くろすけ

**歷史悠久的舊茶屋裡
享用各種豆腐料理**

京都最古老的花街上七軒裡，有130多年歷史的舊茶屋店內，可以享用到花街的風雅，品嘗使用優質黃豆和京都的良水製成的豆腐料理。

☎075-466-4889 🏠京都市上京区今出川通七本松西入ル真盛町699 🕐11時～14時30分LO、17～21時LO 休週二（假日、25日則營業）🚃市巴士上七軒站牌步行5分 🅿無 **MAP**附錄P17C2 ●圖片：⑫⑬

まつひろしょうてん かみしちけんてん
🛍 まつひろ商店 上七軒店

**送禮自用都相宜
各色各樣的口金包**

錢包、零錢包、印章袋等各種品項都有著豐富的色系花紋的口金包專門店。所有的商品都是師傅手工製作而成。

☎075-467-1927 🏠京都市上京区今出川通七本松西入ル真盛町716 🕐11～18時 休週三（假日、25日則翌日）🚃市巴士上七軒站牌步行2分 🅿無 **MAP**附錄P17C2 ●圖片：⑭⑮

ばちか
🛍 Bachica

**手工的日本雜貨
會想要日常擁有的**

胸針和吊飾等老闆自己動手做的日本小物，和服西服都合適，各種場合搭配自如。不挑年齡層的日式時尚極富吸引力。

☎075-432-8621 🏠京都市上京区今出川通七本松東入西上善寺町188 🕐11～18時 休週四（有活動時可能變更）🚃市巴士上七軒站牌即到 🅿無 **MAP**附錄P17C2 ●圖片：⑯⑰

📖 每月25日在北野天滿宮舉行的骨董市集「天神市（通稱天神桑）」。如果想看看能不能尋到寶，那就該一大早出發。

不妨到這裡走走！

金閣寺周邊的推薦景點

いまみやじんじゃ 今宮神社

以京都三大奇祭聞名的神社

為了鎮住流行在平安京的疫病而建立的神社。以健康、良緣之神而廣獲信徒愛戴，每年4月的第2週日會舉行京都三大奇祭之一的鎮花祭。還有摸一下就會變輕的話表示願望得以實現的神占石。**DATA** ☎075-491-0082 **住**京都市北区紫野今宮町21 **¥**免費 **營**自由參觀（社務所為9～17時）**休**無休 **交**京都站搭乘市巴士206系統37分的船岡山下車步行7分 **P**44輛 **MAP**附錄P9A2

みょうしんじ 妙心寺

擁有46座塔頭的日本最大禪林

廣闊的占地裡有46座塔頭的臨濟宗妙心寺派大本山。除了法堂裡的狩野探幽畫的「雲龍圖」和為了祭拜明智光秀而建的「明智風呂」之外，還有以國寶「瓢鮎圖」聞名的退藏院、以茶室聞名的桂春院等眾多的景點。**DATA** ☎075-461-5226 **住**京都市右京区花園妙心寺町1 **¥**免費（法堂、梵鐘、浴室為500日圓）自由參觀（法堂、梵鐘、浴室為9時10分～16時40分；11～2月為9～15時40分）**休**無休 **交**市巴士妙心寺北門站牌即到 **P**40輛 **MAP**附錄P17A3

狩野探幽花了8年畫成的雲龍圖

用來修行的浴室-明智風呂

こうとういん 高桐院

以風雅參道聞名的細川家菩提寺

細川忠興建立的細川家菩提寺。苔蘚包覆住鋪石的參道聞名，初夏的深綠和秋季的紅葉季節格外秀美。罕見的黑壁茶室「松向軒」，是可以導向冥想世界，以高雅的氛圍聞名。**DATA** ☎075-492-0068 **住**京都市北区紫野大德寺町73-1 **¥**400日圓 **營**9時～16時30分 **休**不定休 **交**市巴士大德寺前站牌即到 **P**25輛（使用大德寺收費停車場）**MAP**附錄P9A3

だいせんいん 大仙院

室町時代的代表性枯山水

國家級的特別名勝，擁有被譽為禪院式枯山水庭園最高傑作的名庭園。在約30坪的狹窄空間裡，表現出有深山幽谷的蓬萊山，和山中流出瀑布風景的創意極為出色。院內請勿拍照。**DATA** ☎075-491-8346 **住**京都市北区紫野大德寺町54-1 **¥**400日圓 **營**9～17時（12～2月為9～16時30分）**休**無休 **交**市巴士大德寺前站牌即到 **P**25輛（使用大德寺收費停車場）**MAP**附錄P9A3

せんぼんしゃかどう 千本釋迦堂

傳誦至今良妻阿龜的故事

鎌倉時代初期創建的真言宗寺院，京都市內最古老的本堂還維持著原樣。除了為了守護營造本堂時擔任工頭的丈夫而自裁的阿龜悲情故事之外，每年12月的燉蘿蔔也是京都冬季的風情畫。**DATA** ☎075-461-5973 **住**京都市上京区七本松通今出川上ル溝前町 **¥**免費（靈寶殿和本堂為600日圓）**營**9～17時 **休**無休 **交**市巴士上七軒站牌步行3分 **P**20輛 **MAP**附錄P17C2

だいとくじ 大德寺

茶道大師淵源深厚的名庭佛寺

正和4年（1315）設立的臨濟宗大德寺派大本山。應仁之亂荒廢之後，以一休和尚聞名的一休宗純帶領，在戰國諸侯和貴族等的庇護下復興，成為了室町後期文化的象徵。桃山時代時豐臣秀吉在此舉行了織田信長的喪禮。和侘寂的始祖村田珠光，以及千利休、小堀遠州等著名茶道大師淵源極深，以千利休進獻的山門金毛閣聞名。境內有22座塔頭，各擁有出色的庭園和茶室。日常開放的有以參道之美聞名的大桐院、擁有國家級特別名勝庭園的大仙院，以及大德寺最古老的塔頭龍源院、基督教徒諸侯大友宗麟的菩提寺瑞峰院等4個院。**DATA** ☎非公開 **住**京都市北区紫野大德寺町53 **¥**免費 **營**9～16時（視開放的塔頭而異）**休**無休 **交**市巴士大德寺前站牌即到 **P**25輛（2小時500日圓，之後每30分100日圓）**MAP**附錄P9B3

わらてんじんぐう 敷地神社（わら天神宮）

孕婦會來參拜的祈禱安產神社

古來即是在北山天神丘接受祭拜的神社，也被稱為「孕婦帶的天神」。主神為安產和授子、結緣的神祇「木花開耶姬命」，據傳頒授的安產御守裡的稻穗如果有節表示男嬰，沒有則會生女兒。**DATA** ☎075-461-7676 **住**京都市北区衣笠天神森町 **¥**免費 **營**8時30分～17時 **休**無休 **交**市巴士わら天神前站牌步行即到 **P**14輛 **MAP**附錄P17C2

おからはうす
おからはうす

身體樂於接受的有機咖啡廳

以營養價值高而可以安心食用的有機食材菜色備受好評。每日午餐為1200日圓～，菜色也多。愉嚼自然的甘甜就愈明顯的古代黑米和念珠薏仁等的五穀米飯，最後別忘加上山芋泥食用。**DATA** ☎075-462-3815 ⓐ京都市右京区谷口円成寺町17-10 ⓒ11時～15時30分LO 休週一、二 ⓧ市巴士妙心寺駅前站牌步行3分 ⓟ1輛 **MAP** 附錄P17A3

山猫軒
やまねこけん

坐落在絹掛之路的咖啡廳

由長滿爬牆虎的建築向地下走，開了門之後但見陽光從彩繪玻璃照進店內的美妙空間。除了提供手工泡出的咖啡和現烤的鬆餅等甜點之外，還有如炸雞的南蠻盤餐1185日圓等充實的食物類。**DATA** ☎075-462-6004 ⓐ京都市北区等持院北町39-6 ⓒ10～19時 休第2、4週四 ⓧ市巴士竜安寺前站牌步行5分 ⓟ7輛 **MAP** 附錄P17B2

いっぷく茶屋
いっぷくぢゃや

外觀也十分美麗的櫻甜點

位於仁和寺門前的甜品店。由江戶時代開始擔任仁和寺櫻守的一家經營，現在的老闆是第8代。加入鹽漬櫻花葉的冰淇淋和抹茶戚風蛋糕層層堆疊的御室櫻600日圓等，櫻花相關甜點有高人氣。**DATA** ☎075-462-8296 ⓐ京都市右京区御室小松野町28-1 ⓒ9～17時 休週四(逢假日則營業、4月無休) ⓧ市巴士御室仁和寺站牌步行2分 ⓟ無 **MAP** 附錄P17A2

ふうみん庵
ふうみんあん

品嘗鬆軟可口的蕨餅小憩片刻

位於金閣寺參道旁，以自製蕨餅聞名的人氣茶屋。口感鬆軟而入口即化的蕨餅，和抹茶套組600日圓。也備有雞碎肉便當680日圓、星鰻麵880日圓等簡餐。參觀完金閣寺後可來此休憩一番。**DATA** ☎075-465-6776 ⓐ京都市北区衣笠馬場町30 金閣寺前 ⓒ10～17時 休週二(逢假日則營業) ⓧ市巴士金閣寺道站牌步行3分 ⓟ無 **MAP** 附錄P17C1

おはりばこ
おはりばこ

使用了古老和服的日式雜貨店

位於大德寺東門前，有著風雅格子戶的町家就是此店。店內使用古老和服布料做成的可愛日本雜貨式樣多元。日常可以使用的小口金包1080日圓和手機吊飾648日圓、髮飾1188日圓等，都極適合作為伴手禮。**DATA** ☎075-495-0119 ⓐ京都市北区紫野門前町17 ⓒ11～18時 休週三、第3週二 ⓧ市巴士大德寺前步行3分 ⓟ無 **MAP** 附錄P9B3

笹屋守栄
ささやもりえ

像嬰兒柔嫩皮膚般的麻薯菓子

敷地神社對面的和菓子店。柔軟的麻薯包著自製內餡，再灑上現磨黃豆粉的うぶ餅，是做來供祈禱安產的和子。和上一代交情深厚的堂本印象繪製的包裝紙也值得欣賞。**DATA** ☎075-463-0338 ⓐ京都市北区衣笠天神森町38 ⓒ9時～18時30分 休週三、每月最終週二(逢每月8日、假日則營業) ⓧ市巴士わら天神前步行1分 ⓟ3輛 **MAP** 附錄P17C2

多走遠一點 去雅致的鷹峯古刹

在左大文字山之北群山山麓的鷹峯。在本阿彌光悦有深厚淵源之地古寺巡禮吧。

源光庵
げんこうあん

寂靜之中面對窗戶與自己

元祿7年（1694）卍山道白禪師改宗曹洞宗。有表現出禪心和四苦八苦的頓悟之窗和迷惘之窗。**DATA** ☎075-492-1858 ⓐ京都市北区鷹峯北鷹峯町47 ¥400日圓 ⓒ9～17時 休無休 ⓧ市巴士鷹峯源光庵前站牌即到 ⓟ10輛 **MAP** 攜帶地圖背面E1

常照寺
じょうしょうじ

吉野太夫進獻的朱紅山門

光悦請日乾上人開創的佛寺，山門是吉野太夫進獻，內有日本唯一的帶塚。**DATA** ☎075-492-6775 ⓐ京都市北区鷹峯北鷹峯町1 ¥300日圓 ⓒ8時30分～17時 休無休 ⓧ市巴士鷹峯源光庵前站牌步行2分 ⓟ15輛 **MAP** 攜帶地圖背面E1

金閣寺周邊 ● 這裡也應該去！金閣寺周邊的推薦景點

大德寺平常不開放的塔頭，在春秋二季開放時絕對不應錯過，需注意！

重點看過來！

在時代變動的
二条城來趟歷史散步

在大政奉還的地方，回首日本的歷史。（☞P64）

重點看過來！

在風雅的京都御苑
悠然自得地漫步

悠閒地漫步在可以看到王朝文化與四季風光、綠意盎然的國民公園。（☞P72）

重點看過來！

遊逛江戶、明治一直
傳承至今的老店

在御所東側的寺町通裡，有多家著名的老店。（☞P66）

二条城、御所
就在這裡！

下鴨神社R

京都御所
元離宮
二条城

搭巴士
20分

河原町

京都

出町柳

平安神宮

八坂神社

清水寺

access

●京都站出發
【巴士】
・市巴士9系統15分的二条城前、21分的一条戻橋、晴明神社前下車
・市巴士4系統28分的新葵橋、30分的下鴨神社前、32分的洛北高校前下車
【電車】
・地下鐵烏丸線6分的烏丸御池站轉乘東西線2分的京都市役所前站、二条城前站下車
・地下鐵烏丸線7分的丸太町站下車

〔洽詢〕
☎075-752-7070
京都市觀光協會
廣域MAP附錄P3C2

妝點日本歷史的景點薈萃

二条城・御所

にじょうじょう・ごしょ

一保堂茶舖的
茶壺一次份量
袋茶（☞P66）

是這樣的地方

有著貴族文化中心的京都御所、大政奉還舞台的二条城，是個傳承古都歷史的區域。御所外圍著豐美綠意的京都御苑，開放為國民公園，是京都市民的休憩場所。御所東側的寺町通裡，有不少歷史老店，信步遊逛十分有意思。

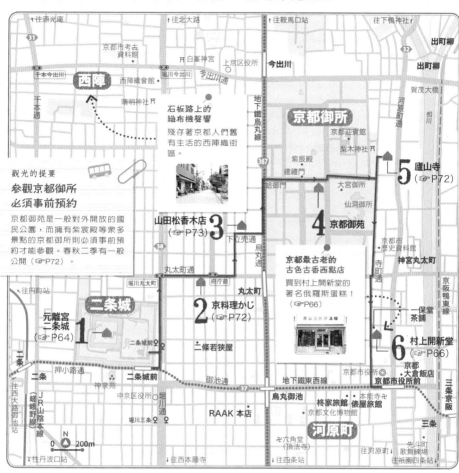

觀光的提要

參觀京都御所必須事前預約

京都御苑是一般對外開放的國民公園，而擁有紫宸殿等眾多景點的京都御所則必須事前預約才能參觀。春秋二季有一般公開（☞P72）。

推薦的行程時間

5小時30分

由二条城沿著堀川通向北走，到了丸太町通後轉向東。由禁門之變舞台所在的蛤御門進入京都御苑漫步觀賞後，到有許多老字號茶店和糕點店的寺町通信步遊逛後前往車站。

起點		1		2		3		4		5		6		終點
		參觀		和食		購物		參觀		寺院		購物		
地下鐵二条城前站	▶	元離宮二条城	▶ 步行2分	京料理かじ	▶ 步行12分	山田松香木店	▶ 步行10分	京都御苑	▶ 步行5分	盧山寺	▶ 步行15分	村上開新堂	▶ 步行5分	地下鐵京都市役所前站

二条城、御所

63

在日本的歷史性大舞台
二条城感受德川家的權勢

在華麗的裝飾妝點下的二条城，是象徵著江戶幕府繁榮的建築物。
有著築城400年的歷史，是京都非寺社的唯一世界遺產。

這裡就是大政奉還的舞台
慶應3年（1867）10月13日，德川慶喜集合了諸藩的重臣，宣布將政治的權限歸還給朝廷，翌14日向御所上表大政奉還。在這個地方江戶幕府謝幕，開始了新的時代。

おおひろま
大廣間
將軍會見各藩諸侯、二之丸御殿裡規格最高的房間。也在此宣布布大政奉還

にのまるごてん
二の丸御殿
江戶時代的代表性武家風格書院造的建築。擁有超過3000面的障壁畫，其中的1016面為國家級的重要文化財 ❸

とおざむらい
遠　侍
是各藩諸侯參勤時的候見室，二之丸御殿裡最寬闊。後方有迎接朝廷使節的「勅使之間」

しきだいろうじゅう ま
式台老中之間
是進京各藩諸侯會見老中寒喧的場所，進獻給將軍的禮品就在此交付

しろしょいん
白書院
將軍的起居間、寢室。內部裝飾和其他房間風格不同，掛的繪畫是氛圍沉穩的水墨山水畫

てんしゅかくあと
天守閣跡
過去此處曾有由本丸西南角的伏見城移築來的五層天守閣，現在僅存石垣，登上後可一覽市區風光 ❺

せいりゅうえん
清流園
昭和40年（1965）造園的和洋折衷庭園。園內的「和樂庵」、「香雲亭」裡，每年都會舉辦茶會（需洽詢）❻

買個鑰匙圈當二条城的參觀記念
城內的「販賣部」裡有販售記念牌，可以拿來作為有人名的鑰匙圈。記念牌300日圓、打刻30日圓、鑰匙圈部分200日圓。
MAP 境內圖P65-❼

からもん
唐門
塗裝金色和繽紛色彩，以及有色種雕刻與菊紋加工，氣勢雄渾的建築。弓狀的柔和曲線極美 ❷

もとりきゅう にじょうじょう
元離宮 二条城
世界遺產

豪華絢爛的種種頂級工藝

慶長8年（1603）建城，供德川家康上京都時作為住宿處，以15代將軍慶喜宣布大政奉還的舞台而聞名。二之丸御殿內3000面以上的障壁畫，以及有著四季花草之美的三處庭園等，可觀之處眾多，也是極受歡迎的散步路線。

☎075-841-0096 住京都市中京區二条通堀川西入二条城町541 ¥600日圓（展示收藏館加收100日圓）⏰8時45分～17時（受理～16:00）休7、8、12、1月的週二（逢假日則翌日）交市巴士二条城前站牌即到 P216輛 MAP附錄P7B3

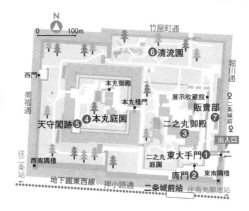

東大手門…本瓦葺頂屋的入母屋式建築。屋脊有鯱的裝飾 ❶
本丸庭園…移築舊桂宮邸御殿時作庭的築山式庭園 ❹

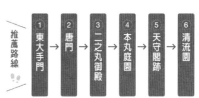

推薦路線 → ❶東大手門 → ❷唐門 → ❸二之丸御殿 → ❹本丸庭園 → ❺天守閣跡 → ❻清流園
繞上一圈 50分

📖 二条城以櫻花的打光聞名，廣闊的城內包含了茶花、梅花、杜鵑花等，全年都有各色花卉可以欣賞。

在御所旁的歷史老店巡禮

要遊逛老字號的專門店，就去京都御所南側的區域。
寺町通旁和周邊，有許多品質保證的店鋪。

2

いっぽどうちゃほ
一保堂茶舖

獲得超越時代的喜愛
京都銘茶專一的美味

創業約300年，將宇治川、木津川水系風土培育出來的茶混合，調出不變的美味。對於全新品茶方式的提議，以及種類眾多的商品也富吸引力。

☎075-211-3421 住京都市中京区寺町通二条上ル ⏰9〜19時（週日、假日〜18時）茶室為11〜17時LO 休無休 交地下鐵京都市役所前站步行5分 P3輛 MAP 附錄P14C3

3
4

1 黑而有光澤的茶壺等歷史悠久的備品、茶的品名等也應好好欣賞 2 獲賜一心保養意味的「一保堂」屋號約有160年。極具風格的建築，加上左右對稱掛的布簾十分壯觀 3 京都限定抹茶「京極の昔」20g1296日圓，特色是圓融的美味 4 沖泡抹茶同時可以分享的茶盅12960日圓

むらかみかいしんどう
村上開新堂

復古而可愛的
俄羅斯蛋糕聞名

明治40年（1907）創業。招牌商品俄羅斯蛋糕，是將俄羅斯的家庭糕點調理成日本人喜歡味道，像是餅乾般的蛋糕。好好享用有著豐郁奶油風味的手工美味吧。

☎075-231-1058 住京都市中京区寺町通二条上ル ⏰10〜18時 休週日、假日、第3週一 交地下鐵京都市役所前站步行4分 P無 MAP 附錄P14C3

1

2

1 俄羅斯蛋糕共有葡萄果醬、巧克力等5種，1個194日圓 2 興建於昭和初期的西式建築。招牌的字由右向左更有當時的感覺

かざりやりょう
かざりや鐐

可以日常使用的
手工銀製品

寬政年間（1789〜1801）營業至今的打銀師竹影堂的自營店面，企劃販售可以貼身使用的純銀飾品。貓、兔子、小花等的銀製品也都十分可愛而平易近人。

☎075-231-3658 住京都市中京区押小路通麩屋町西入ル ⏰10〜18時（週六日、假日〜17時）休無休 交地下鐵京都市役所前站步行5分 P無 MAP 附錄P14B4

興築約130年的町家是工坊兼店面。商品種類豐富

1

2

1 手工切製的鏤空千鳥鏤空菓子切9180日圓、鞘540日圓 2 可以用在喜歡的書籍上，貓咪書籤4860日圓

在喫茶室 嘉木
讓身心都獲得
休憩

一保堂茶舖附設的「喫茶室 嘉木」裡，可以要求說明茶的沖泡方式，再選擇喜歡的茶沖泡享用。務必品嘗玉露、麟風840日圓（附和菓子），享受美好的時間。☎075-211-3421 MAP附錄P14C3

せいかどう
清課堂

兼具用與美的錫器
就是一生可用的好東西

天保年間（1830～1844）創業的錫師。現在也販售以錫為主的各種銀、銅等金屬工藝品。每件都是實用而不會厭煩的設計，愈用會愈有味道的手工珍品。

☎075-231-3661 住京都市中京區寺町通二条下ル 時10～18時 休無休 交地下鐵京都市役所前站步行2分 P無
MAP附錄P14C4

① 氛圍沉穩又風雅的店內 ② 有著石頭觸感的注酒器，錫石目片口17280日圓 ③ 外形獨特的彌生錫酒杯10800日圓

まつや
松彌

師傅技術與感性傑出
各種美麗的創作糕點

以創作生菓子聞名，尤其是以季節風景為主題的糕點，色彩之美令人讚嘆。有著白味噌和生薑風味的蒸菓子舟入，是不分季節的暢銷商品。

☎075-231-2743 住京都市中京區新烏丸通二条上ル 時10～18時 休週一、第3週二 交地下鐵京都市役所前步行5分 P無 MAP附錄P14C3

① 秋季限定的寒天菓子水もみじ310日圓 ② 舟入170日圓還有淡淡的雞蛋風味

夏季限定的寒天菓子金魚310日圓為代表作！

明治21年（1888）創業，也曾供應宮家甜點的名店

擺滿店面的硬糖，也是不錯的伴手禮

きょうあめどころ ほうしょうどう
京あめ処 豐松堂

色彩繽紛美麗的
溫和滋味的手工糖

明治30年（1897）以來，只做銅鍋直火的硬糖。像是珍珠或玻璃珠般美麗的飴糖有多種口味，也有使用宇治抹茶等嚴選材料的產品。外觀上的可愛和入口後的適當甜度都令人歡喜。

☎075-231-2727 住京都市中京區寺町通夷川上ル 時9～18時 休週日、假日、5～8月的週六 交地下鐵京都市役所前站步行6分 P無 MAP附錄P14C3

① 豆平糖324日圓有加入黃豆 ② 京てまり瓶裝432日圓 ③ 加了葡萄酒的葡萄飴各290日圓為秋季限定販售

 寺町通是古美術、骨董店林立的街道，餐飲店也十分多元。

前往綠意滿布的古社 下鴨神社
在清新可喜的境內深呼吸一番

結緣很靈驗的神社哦！

京都的代表性古社，平安遷都之前許久就有了深厚的信仰。
古代原生林的純淨空氣感存留的糺之森裡，紅色的社殿更形顯眼美麗。

在綠意參道的彼方
矗立著紅色的樓門

ろうもん
樓門
貫穿糺之森的參道盡頭，紅色的壯麗樓門是寬永5年（1628）重建的 ❹

しもがもじんじゃ（かもみおやじんじゃ）
下鴨神社（賀茂御祖神社）

世界遺產

祭祀古代神話裡神祇的聖地

還留有紀元前祭祀記錄的歷史悠久古社。西殿裡祭祀除厄、開運之神賀茂建角身命；東殿則祭祀安產、育子之神玉依媛命，兩殿都被指定為日本的國寶。5月的例祭葵祭，是曾經出現在《源氏物語》《枕草子》上的古老傳統的祭禮。

☎075-781-0010 住京都市左京區下鴨泉川町59 ¥免費 ⏰6時30分～17時 休無休 交市巴士下鴨神社前站牌步行3分 P200輛
MAP附錄P8E4

推薦路線

① 糺之森 → ② 河合神社 → ③ 相生社 → ④ 樓門 → ⑤ 言社 → ⑥ 御手洗社

繞上一圈
50分

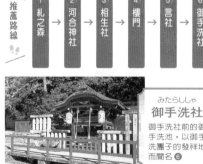

みたらししゃ
御手洗社
御手洗社前的御手洗池，以御手洗團子的發祥地而聞名 ❻

140年來首度復活
務必品嘗一下
葵祭的名物

葵祭當天供在神前，再分送給參拜者享用的傳說中和菓子申餅，和茶店「さるや」同時在下鴨神社境內復活。申餅和黑豆茶的套組600日圓。☎090-6914-4300 **MAP** 境內圖P69-**⑦**

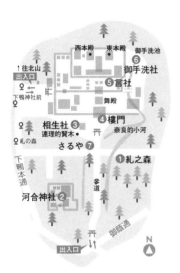

↑往北山
出入口
下鴨神社前
西本殿　東本殿　御手洗池
⑥ 御手洗社
⑤ 言社
舞殿
相生社 **③**
連理的賢木・
④ 樓門
奈良的小河
さるや **⑦**
札の森
① 糺之森
下鴨本通
河合神社 **②**
參道
御蔭通
出入口
N

是地支的神社拜一拜自己的生肖吧

ことしゃ
言社
祭神大國主命擁有的7個名字各為十二地支的守護神祭拜。據說拜過自己的生肖後就會靈驗哦 **⑤**

あいおいしゃ
相生社
2棵樹的主幹在一半處合而為一的連理的賢木，是結緣和夫妻和合上靈驗的象徵 ●

參拜此處就有結緣的靈驗

看來像心形、以社紋概念製作的葵御守500日圓

有著濃密樹蔭的舒適散步道

ただすのもり
糺之森
神社周圍廣達36000坪的森林，是古代曾經舉行神事的神聖場所 **①**

有可愛繪馬的美人祈願神社

かわいじんじゃ
河合神社
祭祀來自玉依姬命的美麗神。和《方丈記》作者鴨長明淵源深厚聞名，境內設有資料館 **②**

用蠟筆或口紅塗畫的鏡繪馬800日圓來個美人祈願

在西陣生活的美術館裡
學習京町家和京都的習俗

有許多住在古老町家人口的西陣，有著日本人的
生活智慧。由建築和習俗來學習其中的部分吧。

◍ 什麼是京町家？◍

面對道路，和隣居連棟式的住職合一型民宅。最具代表性的，是前面的商業空間和後方的居住空間各自獨立的表屋造，另外還有住居專用的仕舞屋；而西陣裡還有不少放置織布機的作業場和住居由1棟構成的織屋造建築。面很窄而有「鰻魚的寢床」之稱，但設有玄關庭、坪庭、中庭等，換氣和採光方面都沒有問題。建築方式可以讓盛夏天涼爽而冬天則保有氣密性。美麗的創意和實用性優越，町眾智慧的結晶正是京町家。

 外觀

發現鍾馗！

Ⓐ 屋頂 (やね)
京町家屋頂的特徵，在於獨特的一文字瓦加上祭祀除魔的鍾馗

Ⓑ 蟲籠窗 (むしこまど)
配置在厨子2階的町家代表性創意。有著防火、採光、通風的功能

Ⓒ 格子 (こうし)
外面看不清楚裡面，而裡面卻可看清楚外面。家業大小會有不同的設計

Ⓓ 犬矢來 (いぬやらい)
曲線極美的竹製圍欄，用來彈開雨水和泥土，保護外牆和牆壁

 內觀

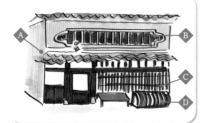

茶室 (ちゃしつ)
在大店或豪商家裡，通常在奧間之後會設置茶室

通庭 (とおりにわ)
由前面一直線貫穿到裏庭的土間。挑高天花板的部分稱為火袋

壁龕 (とこのま)
在客廳裡，會隨著季節和節令變更掛的畫軸等陳設

坪庭 (つぼにわ)
家屋裡設置的小小庭園。有著採光與通風、療癒功用的空間

玄關 (げんかん)
設有玄關庭，來區隔商業空間和居住空間。也有採光的功用

✿ 什麼是京都的習俗？✿

京都在全年的活動和日常生活裡，都有許多代代傳承下來的習俗。像是每個節令都有固定的菜色，在固定的日期參拜固定的寺社等。這些習俗讓人感受到季節變遷就是精髓所在。其他像是招來好運的東西，以及給他人的小小貼心等，都是重視傳統和長久交往的京都人特有的習俗。

習俗之一例

**掃家門和撒水
都只在自家前**

早上將自家門前清掃再撒水來清淨。如果掃到隣居家前就是給對方難堪，因此掃到隣居家的1尺（30公分）為限

**配合季節
更換陳設**

6月時在榻榻米上鋪上涼蓆，將紙門換成通風的葭戶，改為夏季陳設。除了避暑對策之外，視覺上也有涼感

**祇園祭期間玄關
要裝飾粽子**

祇園祭期間收到的粽子，是除厄冢和家內安全的御守。也有家庭認為是對客人發自內心的招待之意。

**祇園祭期間
不吃小黃瓜**

祇園祭是八坂神的神事。由於八坂神社的神紋，和切成片的小黃瓜很像，因此避諱失禮而不吃

**五山的送火的文字
映在酒杯中飲酒**

送走祖先之靈的送火。手掌合十，在酒杯裡注酒後，將送火映在杯中一飲而盡，就可以無病息災

**廚房放著伏見稻荷的
布袋和尚人偶**

伏見稻荷的初午日當天，由小的人偶開始買；據說放7年在荒神（廚神）壇祭拜，就可以家運大開

二条城、御所 ●【加倍樂趣專欄】學習京町家和京都的習俗

\在這裡可以學到！/

にしじんくらしのびじゅつかん とんだや

西陣錦緞生活的美術館 冨田屋

**接觸實際的生活
氣氛就是憧憬的京都女性**

冨田屋由江戶中期開始在伏見經營錢莊，在明治18年（1885）前後，轉型為西陣織中盤商遷移至現址。面對馬路的母屋和前倉庫，是典型的表屋造，從明治期至今未變。除了參觀之外，還可以詢問日常生活的習俗等，實際接觸到西陣傳統的生活。

☎075-432-6701 🏠京都市上京区大宮通一条上ル ⏰9～17時 🈺無休 🚌市巴士一条戻橋、晴明神社前站牌步行5分 🅿無 🗺MAP附錄P7B1

Ⓐ約建於130年前，被指定為日本的國家級有形文化財 Ⓑ田屋第13代田中峰子。堅守代代相傳的京都習俗並流傳下去

町家生活體驗行程

◆基本行程（預約制）
（參觀町家和京都習俗學習）
2160日圓
加選行程
和服穿著體驗　4320日圓
茶席體驗　2160日圓
傳統便當（茶席的點心）
3240日圓
◆全套行程（預約制）
（基本行程＋全部加選行程）
10800日圓
※另有古典遊樂行程和季節活動等特別行程。

不妨到這裡走走！

二条城、御所的推薦景點

🏯 晴明神社
せいめいじんじゃ

奉祀陰陽師安倍晴明

一条天皇為了紀念平安時代仕於第6代天皇的陰陽師安倍晴明，而在其建構自宅的土地上興築的神社。境內留有據說是鎮鬼用的神紋五芒星，和晴明以念力讓水湧出的晴明井。**DATA** ☎075-441-6460 住京都市上京区堀川通一条上ル晴明町806 營9～18時 休無休 交市巴士一条戻橋、晴明神社前站牌步行2分 P14輛 **MAP** 附錄P7B1

🏯 京都御所
きょうとごしょ

風雅的王朝、貴族文化的中心地

桓武天皇時代直到幕末遷至東京之間，歷代天皇生活的場所。是一座保留了古來大內形態的歷史建築，現在的御所是建於安政2年（1855）。紫宸殿和天皇的日常居所清涼殿、幕府的所司代和諸侯等觀見的小御所等之外，還有御學問所、御常御殿等建築，可以了解平安時代之後建築式樣的變遷和風雅的王朝文化。參觀需在希望參觀日3個月前的月份1日起，以郵寄宮內 京都事務所參觀係窗口，或網站 **HP** http://sankan.kunaicho.go.jp/提出申請（不同申請方法的截止日各異，名額一滿即結束）。**DATA** ☎075-211-1215（宮內庁京都事務所）住京都市上京区京都御苑3 ¥免費※需有許可證 交視參觀路線而異 休週六和3～5月、過年期間、活動舉辦日（第3週六和3～5月、10和11月的週六可參觀）交地下鐵今出川站即到 P330輛（收費）**MAP** 附錄P14A1

紫宸殿前東側為櫻、西側為橘

🏯 廬山寺
ろざんじ

創作出源氏物語的紫式部宅邸原址

平安時代由元三大師創建，據說紫式部在此創作出《源氏物語》等多部作品。本堂前有鋪有白砂和苔蘚的「源氏庭」，也是桔梗花的著名賞花景點。**DATA** ☎075-231-0355 住京都市上京区寺町通広小路上ル北之辺町397 ¥500日圓 營9～16時 休2月1～10日 交京都站搭乘市巴士205系統23分的府立医大病院前下車，步行3分 P20輛 **MAP** 附錄P14C1

🏯 壬生寺
みぶでら

以壬生狂言著名的新選組聖地

平安時代創建，以延命地藏尊為本尊的律宗寺院。曾是新選組訓練所的境內壬生塚裡，有隊士的墓碑和近藤勇的胸像，吸引粉絲的造訪。**DATA** ☎075-841-3381 住京都市中京区壬生梛ノ宮町31 ¥壬生塚100日圓、地下資料室200日圓（節分前後休）營8時30分～16時30分 休無休 交京都站搭乘市巴士26系統14分的壬生寺道下車，步行3分 P無 **MAP** 附錄P5A1

🍜 下鴨茶寮
しもがもさりょう

在下鴨神社認證的老店享用京都料理

擁任下鴨神社專屬廚師的老字號料亭。使用了京都蔬菜和季節食材的本懷石，可以在優雅氛圍裡享用。其中尤其以季節便當5400日圓，因為中午就可以吃到道地料亭風味而大受歡迎。色彩豐富的各色菜餚更是引人入勝。**DATA** ☎075-701-5185 住京都市左京区下鴨宮河町62 營11～20時LO 休週四 交市巴士新葵橋站牌步行5分 P8輛 **MAP** 附錄P8E4

🏯 相國寺
しょうこくじ

日本最古老最大的禪剎法堂

足利義滿創建的臨濟宗相國寺派的大本山。由豐臣秀賴重建的法堂，是日本最古老也最大，天花板繪有「鳴龍」，只要拍拍手就會響起龍吟般的聲音。**DATA** ☎075-231-0301 住京都市上京区相国寺門前町701 ¥免費（法堂、方丈等的春秋季特別拜觀為800日圓）營境內自由 休不定休 交地下鐵今出川站步行10分，或京阪出町柳站步行15分 P無 **MAP** 附錄P9C4

🏛 京都國際漫畫博物館
きょうとこくさいまんがみゅーじあむ

將日本的漫畫文化介紹給日本國內外

收藏了明治時期的雜誌等歷史資料，以及現代的人氣作品、國外版等共30萬件。全長200公尺的書架上擺放了約5萬冊，可以在館內和庭院裡自由閱讀。**DATA** ☎075-254-7414 住京都市中京区烏丸通御池上ル西側 ¥800日圓 營10～18時（受理～17時30分）休週三（逢假日則翌日）交地下鐵烏丸御池站步行1分 P無 **MAP** 附錄P14A4

🍜 京料理かじ
きょうりょうりかじ

輕輕鬆鬆享用名工的京都料理

獲選為京都現代名工的梶憲司負責的京都料理店。「四季的京料理 雪全餐」3900日圓等的低門檻和道道細致的料理，讓人充分感受到主廚希望大家知道日本料理美好的心意。**DATA** ☎075-231-3801 住京都市中京区丸太町通小川東入ル横鍛治町112-19 營12時～15時30分、17時30分～22時30分 休週三 交地下鐵丸太町站步行5分 P無 **MAP** 附錄P7B3

丸久小山園 西洞院店 茶房元庵
まるきゅうこやまえん にしのとういんてん さぼうもとあん

品嘗精選茶品的奢華時光

創業300多年的老字號製茶商號一手打造的茶房。該店限定的抹茶瑞士卷蛋糕和自選銘茶套組1200日圓等，可以好好品嘗從栽種開始就極為講究的著名品。**DATA** ☎075-223-0909 🏠京都市中京區西洞院通御池下ル西側 ⏰茶房為10時30分～17時LO(販售為9時30分～18時) 🚫週三(逢假日則營業) 🚃地下鐵烏丸御池站步行6分 Ｐ無 **MAP** 附錄P7C4

加茂みたらし茶屋
かもみたらしちゃや

御手洗團子發源的老字號茶屋

名稱源自流經下鴨神社境內御手洗川水泡的御手洗團子發源茶店。只使用上新粉製作出的樸素味道，混上黑砂糖煎的醬汁，有著香而高雅味道的御手洗團子，附茶為3支420日圓。**DATA** ☎075-791-1652 🏠京都市左京區下鴨松ノ木町53 ⏰9時30分～19時(週六日、假日～20時) 🚫週三(逢假日則營業) 🚃市巴士下鴨神社前站牌步行3分 Ｐ無 **MAP** 附錄P8D3

らん布袋
らんほてい

在大正浪漫的町家享用抹茶甜點

擺飾著西洋骨董，有著大正浪漫的町家咖啡廳。由加拿大裔的茶道家Randall V. Channell宗榮設計，可以輕鬆享用抹茶的糕點，有抹茶乳酪蛋糕560日圓，和抹茶與和菓子的套組820日圓等。**DATA** ☎075-801-0790 🏠京都市中京區上瓦町64 ⏰11時30分～20時(週五～23時、週六日為11時～) 🚫週四 🚃地下鐵二條城前站步行5分 Ｐ無 **MAP** 附錄P7B4

出町ふたば
でまちふたば

排隊也要吃到的著名豆餅

明治32年(1899)創業，以大排長龍出名的和菓子店。第一代老闆起始的豆餅1個175日圓，有著紅碗豆的鹹味和豆沙餡清爽甜味的絕妙搭配，是一種味道樸實卻只能在此吃到的珍品。**DATA** ☎075-231-1658 🏠京都市上京區出町通今出川上ル 🕗8時30分～17時30分 🚫週二、第4週三 🚃市巴士河原町今出川站牌步行即到 Ｐ無 **MAP** 附錄P6D1

宝泉堂
ほうせんどう

吃得到老店品格的和菓子

堅守只用丹波大納言紅豆和黑大豆等食材來製作和菓子的傳統，有下鴨神社葵紋形狀的賀茂葵3片裝594日圓人氣超高。此外，附近的茶寮宝泉(**MAP** 附錄P8E3)裡，可以享用到生菓子和蕨餅1100日圓。**DATA** ☎075-781-1051 🏠京都市左京區下鴨膳部町21 ⏰9～17時 🚫週日、假日 🚃市巴士洛北高校前站牌步行3分 Ｐ1輛 **MAP** 附錄P8E3

山田松香木店
やまだまつこうぼくてん

傳承高雅香氣傳統的老店

江戶時代寬政年間(1789～1801)創業的香木專門店。有多種可以輕鬆入手的商品，包含使用在香道上的香木和香道具，以及「花京香12ヶ月印香揃え」972日圓等。以聞香和煉香來深入了解香氣世界的體驗行程(需預約)人氣也高。**DATA** ☎075-441-1123 🏠京都市上京區勸解由小路町164 ⏰10時～17時30分 🚫不定休 🚃地下鐵丸太町站步行7分 Ｐ3輛 **MAP** 附錄P7C2

世界遺產

 多走遠一點 去世界遺產上賀茂神社

由下鴨神社上溯鴨川，一訪古代傳承到現代的宗教的神域。

上賀茂神(賀茂別雷神社)
かみがもじんじゃ(かもわけいかづちじんじゃ)

紫式部也曾求姻緣的古社

從平安時代以前就開始祭拜天神子賀茂別雷神至今，和下鴨神社同為京都最古老的神社，也是世界遺產。桓武天皇遷都以後，由於在鬼門位置上，便被崇敬為皇城鎮護之神。由於紫式部留有在境內片岡社祈求姻緣的詩歌，有不少來自日本各地的民眾前來祈求良緣。每年5月會舉行葵祭，每月第4週日也會舉行手工市集。**DATA** ☎075-781-0011 🏠京都市北區上賀茂本山339 ￥免費(本殿、權殿的特別參拜為500日圓) ⏰8～17時(11～3月為8時30分～) 🚫無休 🚃京都站搭乘烏丸線14分的北大路站，轉乘市巴士37系統15分的上賀茂御薗橋步行5分 Ｐ170輛(30分100日圓) **MAP** 附錄P9B1

象徵賀茂別雷神降臨神山的立砂

神馬堂
じんばどう

上午就會完賣的門前名物

上賀茂神社的門前名物，烤麻薯1個130日圓。裡面包滿了不過甜的紅豆餡。**DATA** ☎075-781-1377 🏠京都市北區上賀茂御薗口町4 ⏰7～12時(賣完即打烊，因此最好先預約) 🚫週三 🚃市巴士上賀茂神社前站牌即到 Ｐ無 **MAP** 附錄P9B1

📖 京都御苑是市民和觀光客的休憩場所。內有可以賞鳥的一隅等，可以享受到歷史與大自然。

重點看過來!

遊逛竹林道和
渡月橋等勝景地

平安時代就廣為人知的
自然豐美的美景地寶
庫。(☞P76、78)

重點看過來!

造訪平家物語的
淵源名勝

靜寂美感的祇王寺,是
平清盛寵妓悲戀的舞
台。(☞P81)

重點看過來!

欣賞和嵐山渾然一體
世界遺產的著名庭園

日本國家史跡、特別名
勝指定第1號的天龍寺
曹源池庭園不應錯過。
(☞P82)

在プラッツ購買
手工的日式座
墊(☞P79)

嵐山、嵯峨野
就在這裡!

金閣寺(鹿苑寺)

元離宮
二条城

山陰本線

大秦

嵐山

嵐電嵐山本線

唐巴士
50分

嵐山

桂離宮

京都

東寺

欣賞王朝浪漫的大自然與古剎

嵐山、嵯峨野

あらしやま・さがの

是這樣的地方

在竹林和紅葉、溪谷等豐郁的大自然
圍繞下的嵐山、嵯峨野,是有著平安
貴族們也摯愛美景的區域。和貴族淵
源深厚的古剎也多,讓人沉浸在王朝
文化裡。著重自然的咖啡廳,和竹藝
品的商店等值得去走走的地方也多。

a c c e s s

●京都站出發

【巴士】

·市巴士28系統47分的嵐山天龍寺前、48分
的野々宮、49分的嵯峨小学校前、51分的
嵯峨釈迦堂前、54分的大覚寺前下車

【電車】

·JR山陰本線6分的二条站轉乘地下鐵東
西線5分的太秦天神川站下車,到步行
5分的嵐電天神川站轉乘嵐電2分的太
秦広隆寺站、12分的嵐山站下車

·JR山陰本線16分的嵯峨嵐山站下車

洽詢

☎075-752-7070
京都市観光協會

廣域MAP 附錄P3B2

~嵐山、嵯峨野　快速導覽MAP~

5 MOMI CAFE (☞P85)

6 清凉寺 (☞P84)

觀光的提要

觀光旺季裡的聰明遊逛方式

觀光旺季時，渡月橋周邊非常擁擠，因此可以在步行遊逛渡月橋和天龍寺之後，再租自行車遊逛。

寂庵　檀林寺　証安院
祇王寺　滝口寺
嵯峨村雪別院
久遠寺
二尊院 (☞P84) **4**
常寂光寺 (☞P84) **3**

寶筐院
宝筐院
落柿舍
安立寺　正覺寺

往化野念佛寺
往保津峽站

嵯峨駅通堂前
寶授寺

嵯峨小学校前

法然寺　野宮神社
竹林之道
松嚴院　弘源寺
慈濟院　三秀院
靈源院

大河内山莊・庭園
小火車嵐山站
嵯峨野觀光鐵道 (遊覽小火車)
保津小峽火車站

大悲閣千光寺

嵐山公園 (龜山公園)
永明院　妙智院
等觀院

JR山陰本線 (嵯峨野線)
嵯峨嵐山站
小火車嵯峨站

嵐電 (京福) 嵐山本線
嵐電嵯峨站
金剛院

妙榮寺
鹿王院　龍王院西院跡
蕋華院門跡

往太秦站
往花園站

往嵐山天龍寺前
嵐山站
らんぷら自行車出租

角倉稻荷神社
三条通
臨川寺

渡月橋

1 渡月橋 (☞P76)

桂川

大堰川 (保津川)
時雨殿
保津川泛舟終點站
屋形舟 (觀光船) 搭乘處

嵐山公園 (中之島公園)

嵐山站
阪急嵐山線

法輪寺

往松尾
往松尾大社站　往松尾大社站

行經溪谷的遊覽小火車

行駛嵯峨～龜岡之間，可以飽覽雄偉的大自然。(☞P85)

0　N　200m

可以租輛自行車輕快地到處遊逛

嵐電嵐山站はんなり・ほっこりスクエア内のらんぷら自行車出租站，提供自行車的出租服務。

☑3段變速自行車2小時500日圓、1日1000日圓

嵐山、嵯峨野

推薦的行程時間

4小時

佛寺的參觀部分，天龍寺1小時，另外3處佛寺共需預定2小時。時間充裕的話，就可以走遠一點，去清凉寺騎自行車約5分鐘的舊嵯峨御所 大覺寺門跡 (☞P84)。

起點	**1**	**2**	**3**	**4**	**5**	**6**	終點
	參觀	寺院	寺院	寺院	咖啡廳	寺院	
位於嵐電嵐山站內的らんぷら自行車出租站	渡月橋	天龍寺	常寂光寺	二尊院	MOMI CAFE	清凉寺	位於嵐電嵐山站內的らんぷら自行車出租站
	自行車2分	自行車2分	自行車5分	自行車即到	自行車3分	自行車3分	自行車10分

平安貴族喜愛的風景
漫步於嵐山、嵯峨野

步行逛上一圈
約3小時

自古被歌詠，有著眾多貴族們別墅的嵐山、嵯峨野。
就悠閒地漫步在平安時代就被喜愛的風光明媚風景中。

看到貴族們乘舟泛遊的河川
與百人一首裡聞名高山的橋樑

起點！

とげつきょう
渡月橋 📷

平安時代的承和年間（834～848），
為了提供嵯峨天皇赴法輪寺參拜而建的
橋。「渡月橋」的名稱，是鎌倉時代龜
山上皇行幸時，看到月亮像是走過橋一
般而得來。現在的橋，是昭和9年
（1934）重建的，遠景固然很美，山
河盡在眼前的橋上視野也極為出色。

¥⊕休自由參觀 🚃嵐電嵐山站步行2分 MAP
附錄P19C4
❶渡月橋的上游，看得到販賣烤魷魚和飲料的
小船 ❷3月和12月舉行的夜間打燈如夢似幻 ❸
以春季的櫻、秋季的紅葉等四季各異美景聞名
的渡月橋視野

平安時代的渡月橋

渡月橋的東側有許多天皇和
貴族們的別墅；渡月橋下的
大堰川，是平安貴族們乘船
遊樂的地方，至今仍留有保
津川泛舟（☞P84）的風
俗。

搭乘復古的人力車
來趟嵐山、嵯峨野的
遊逛如何

搭乘附導覽的人力車觀光也是不錯的選項。「えびす屋嵐山総本店」就提供了按照客人想遊歷區間和時段計費的方式。費用為10分鐘1人3000日圓～、2人4000日圓～。☎075-864-4444 MAP附錄P19C4

也要看P82-83哦！

てんりゅうじ
天龍寺　世界遺產

有著王朝風雅的雄偉而美麗的禪庭

曆應2年（1339）創建。室町時代位居京都五山首位的崇高地位禪寺。夢窗疎石作庭的曹源池庭園，在岩島和石組的野性一面之外，砂洲般優美的曲線也看得到王朝的風雅。

DATA ⇒P82

1 安置平安時代作品、國家指定重要文化財釋迦如來坐像的大方丈 2 將背後的嵐山和龜山借景為庭園一部分的曹源池庭園。春季的櫻、秋季的紅葉美不勝收

步行3分

步行2分

おばんざい ぎゃあてい
おばんざい ぎゃあてい

種類多元！熟菜的自助餐

由料理旅館「嵐山辨慶」規劃成立的熟菜餐廳。京都蔬菜的熟菜和豆腐、豆皮料理等30道以上的菜色，隨你喜歡吃到飽的熟菜自助餐1小時1944日圓有高人氣。

☎075-862-2411 🏠京都市右京区嵯峨天龍寺造路町19-8 🕐11時～14時30分 休不定休 🚃嵐電嵐山站即到 P無 MAP附錄P19C3

1 添加了季節色彩的生麩煮物 2 保留了京都蔬菜美味的九條蔥涼拌（ぬたあえ）3 酥炸大豆推薦給想少吃肉的人 4 菜色之外還有南瓜布丁等的甜點更顯得貼心

接續P78 ⋯⋯>

渡月橋所在的河川名稱，橋的上游名為大堰川，下游則是桂川，大堰川的上游則又變為保津川。

平安貴族喜愛的風景
漫步於嵐山、嵯峨野

由齋宮一路延伸到清淨身體的神社
有著神秘氛圍的竹林之道

延續自P77

「おばんざい ぎゃあてい」
步行6分

ちくりんのみち
竹林之道 📷

路兩側都是茂密青綠的竹子，是京都的代表性風景之一。穿過竹間射出的和煦陽光，以及風一吹便響亮無比的葉子摩擦聲等，走著走著心靈像被洗滌過一般。通往天龍寺的北門，因此可以在參觀後前往竹林之道一遊。

¥自由散步 交嵐電嵐山站步行5分
MAP附錄P19C3

❶融入靜謐風景中的可愛地藏神像 ❷晚秋時前到處都有的紅葉美不勝收 ❸竹林和竹葉圍籬構成的脫俗風情令人陶醉

平安時代的竹林之道
通往以天皇代理身分進行伊勢參拜的齋宮清淨身體野宮神社的神聖道路。據說由神社通往伊勢的齋王群行，在齋王以下還有監送使、官人、女官等達數百人之譜。

和服在遊月
(☞P79) 租用！

**想穿和服遊逛
當地租賃最輕鬆**

嵐山、嵯峨野到處都是最適合和服的風景。在遊逛之前，何妨到阪急嵐山站前的出租和服店「遊月」看看？費用為含穿著費3000日圓～（需預約）。☎075-862-5544
MAP 附錄P18D4

右側直書：

嵐山、嵯峨野 ● 漫步於平安貴族們喜愛的風景中

1 祭祀結緣之神野宮大黑天的本殿。北側的美麗苔庭不應錯過 2 不剝掉樹皮而直接使用麻櫟原木的黑木鳥居，是日本最古老的鳥居形式 3 結緣御守500日圓對戀愛成就很靈驗

野宮神社
ののみやじんじゃ

**四周都是竹木的
源氏物語淵源古社**

平安遷都後創立，也出現在《源氏物語》（☞P80）裡的古社。當時的風俗是，獲選為伊勢神宮齋宮的皇女，需隱居在此清淨身心3年。是以祈求良緣聞名的神社。

☎075-871-1972 住京都市右京區嵯峨野宮町1 ¥免費 時9～17時 休無休 交嵐電嵐山站步行5分 P無
MAP 附錄P19C3

形狀好可愛

形態記憶有著適當硬度的包枕3024日圓

跪座時正好在屁股底下的骰子枕小1728日圓

終點！

步行即到

步行即到

茶処 指月庵
ちゃどころ しげつあん

**喝著自己沖的
抹茶休憩一番**

竹林之道旁、氛圍高雅的日式咖啡廳。還可以享受自己沖泡樂趣的御自服抹茶，和竹筒過濾器沖泡的咖啡等，極有創意的memu備受歡迎。

☎075-861-3948 住京都市右京區嵯峨天龍寺石町1 時9～17時 休週四（逢假日則翌日：4、5、11、12月無休）交嵐電嵐山站步行8分 P無
MAP 附錄P19C3

1 御自服抹茶（附季節生菓子）1200日圓 2 有自然光射入的明亮店內。由於都是座位，第一次沖茶也能輕鬆做好

步行8分

プラッツ
ぷらっつ

**可以愉快使用的
手工製作日式座墊**

店內有小座墊、午睡用、坐辦公桌用等各種不同用途的日式座墊。大小和花色都多種多樣，一定看到目不暇給。每個都是手工製作，因此還可以訂做。

☎075-861-1721 住京都市右京區嵯峨天龍寺造路町5 時10～19時 休週四不定休 交嵐電嵐山站步行5分 P無
MAP 附錄P18D3

除了座墊和寢具類之外，原創布料的日本雜貨和生活雜貨也充實

野宮神社境內的神石「お亀石」，邊祈禱邊撫摸就可以實現願望的高能量石頭。

嵐山、嵯峨野
注意二大物語的一個橋段

日本代表性的二大古典文學裡，嵐山、嵯峨野是以女性可憐故事場所登場。
這座舞台上現在仍留存了孤寂的風情，誘使人們的思緒飛去了平安的往昔。

二大物語的時代背景是？

《源氏物語》著作的時期，是貴族政治的頂峰期，和歌及女流文學等
優美的國風文化、宮中文化興盛。時間來到了武士的時代，無常觀盛行的
時代裡《平家物語》出現。雖然時代不同，但都是敘述備極榮華後沒落的模樣，
全編都充斥強烈"物哀"感受是二物語的共通點。

げんじものがたり
源氏物語

以多篇的戀愛和權力鬥爭等篇幅，來描述光源
氏一生的長篇小說。大分為三個部分，33帖之
前是光源氏的戀愛成就與立身出世，34到41帖
是戀愛生活的破敗與晚年的悲哀，宇治十帖則
描述了源氏之子和孫輩的悲戀。

作者介紹

作者是紫式部。生沒年不詳，但一般認為長保
年間（999～1004）其丈夫過逝後開始寫作。寬
弘2年（1005）或3年時成為中宮彰子的家庭老
師，在藤原道長的支持之下繼續寫作。

主要的登場人物

ひかるげんじ
光源氏
為前任天皇之子，和六條御息
所等多名女性發生戀情的多情
男

ろくじょうのみやすどころ
六條御息所
前東宮妃。有高貴教養的女
性。東宮死後成為光源氏的戀
人

あおいのうえ
葵の上
前左大臣之女。自尊心強個性
冷淡。16歲成為源氏的正室，
也懷了源氏之子，但…

Pick Up 一個橋段

第10帖　賢木之卷
さかき

六条御息所在賀茂祭觀賞御禊遊行的爭奪車位時
被葵的上羞辱，而且知道葵懷孕便化為生靈，在
葵產子後即將之殺害（第9帖）。化為生靈的樣子
也被源氏憧見，御息所便決定和被選為齋宮的女
兒一起前往伊勢，住到野宮過著齋宮潔齋的日
子。

9月的某個黃昏，源氏到訪。在「小柴垣を大垣に
て，黒木の鳥居どもさすがに神々し」的野宮隔
著簾子和六条御息所見面。歌詠和歌互相傾訴，
難以分離的二人過了一夜，但御息所心意已堅，
數日後便前往伊勢。

舞台在這裡！
ののみやじんじゃ
野宮神社
☞P79

へいけものがたり
平家物語

敘述平家出現到滅亡的軍記物語，由琵琶法師口述傳承下來。共12卷中，1部是平家的榮華、2部是源平合戰、3部是平家滅亡與源氏的冷酷戰後處理，而灌頂卷則描寫建禮門院德出家後的生活。

作者介紹

完成時期據傳在鎌倉時代，作者不明。吉田兼好在《徒然草》中，寫有「後鳥羽院時，信濃前司行長記錄名為生佛的盲人音樂家口述下著作」。這位行長據說是仕於九條兼實的藤原顯時之孫，是有力的說法之一。

主要的登場人物

たいらのきよもり
平清盛
有一說是白河上皇的庶子。具有靈巧的政治感覺，是首位成為太政大臣的武士，掌握霸權

ぎおう
祇王
近江出身的白拍子藝人。集清盛的寵愛於一身，與其妹其佛共度安穩的生活，但佛御前出現後…

ほとけごぜん
仏御前
加賀出身的白拍子藝人。16歲時第一次為清盛所見，後取代祇王為清盛寵愛

平家物語

卷第1　祇王(ぎおう)

祇王得當時的權臣入道相國（清盛）寵愛，每月獲百石百貫，和其妹祇女、母刀身共同生活。但是3年後，當名為佛御前的白拍子藝人出現後，很快地清盛便移情別戀，將祇王趕出。祇王在障子留詩一首＊後離去，不久母女即在嵯峨野的後山結庵進入佛門。

某日，尼姑模樣的佛御前來庵造訪，據說是看到了祇王的詩感到人世之無常，因而離清盛而去。當年17歲，祇王母女同情而接納了佛御前，4人共度了佛教的生活，完成了往生的願望。

＊

萌えいづるも
枯るるも同じ
野　の草
いずれか秋に
あわではつべき

〈譯〉以草喻白拍子，「發出新芽也好、枯萎了也好，都不過是路邊的野草。反正只要到了秋天就什麼都不存了」。

舞台在這裡！

ぎおうじ
祇王寺

在竹子和楓樹環繞中的尼寺。被視為祇王等人結庵之地，佛間安置著4個女性和清盛的坐像。此外，境內的墓園裡，有祇王、祇女、刀自的寶篋印式塔，以及清盛的供養塔。

☎075-861-3574 住京都市右京区嵯峨鳥居本小坂32 ¥300日圓 ⏰9時～16時30分 🚌市巴士嵯峨釈迦堂前站牌步行15分 P6輛 MAP附錄P19B2

嵐山、嵯峨野 ●【加倍樂趣專欄】注意二天物語的一個橋段

受到清盛寵愛，集世上白拍子羨慕於一身的祇王　▶

但是，在祇王的邀請下演出舞踊的佛御前卻讓清盛變了心

祇王離開宅邸為尼，並結庵於嵯峨野。佛御前卻前往該地

2人的心思互通，女性們共度供佛的生活

規模宏偉的庭園是嵐山的象徵
前往有來歷的禪寺 天龍寺

有著巧妙借景嵐山大自然庭園的世界遺產天龍寺。
景色優美之外，禪寺特有的莊嚴堂宇佛寺，也能洗滌人心。

そうりゅうじ
天龍寺 🌸櫻花：3月下旬～4月中旬 🍁紅葉：11月中旬～12月上旬 │世界遺產│

獲得跨世紀讚美的名勝地

臨濟宗天龍寺派的大本山。曆應2年（1339）足利尊氏創建，以弔祭後醍醐天皇的菩提。借景嵐山和龜山的雄偉曹源池庭園，由著名的作庭家、僧人夢窗疎石所作，是日本的代表性名園。法堂的雲龍圖和庫裡的達摩圖都是著名景點。

☎075-881-1235 📍京都市右京区嵯峨天龍寺芒ノ馬場町68 💰庭園500日圓（諸堂另加100日圓、法堂加收500日圓）🕐8時30分～17時30分（10月21日～3月20日為～17時）🈺無休 🚃市巴士嵐山天龍寺前站牌即到 🅿100輛 │MAP│附錄P19C3

規模宏偉的庭園
豐富的四季變化表情

そうげんちていえん
曹源池庭園
國家級史跡、特別名勝第1號的著名池泉回遊式庭園。白砂和瀑布群巧妙配置，規模雄偉 ⑤

要由上方俯瞰
天龍寺的庭園

ぼうきょうのおか
望京之丘
可以由山上俯瞰曹源池庭園的小山丘。再次印證和庭園極為諧調的大方丈之美 ⑥

推薦路線 👣
 ① 放生池 →
 ② 法堂 →
 ③ 庫裡 →
 ④ 大方丈 →
 ⑤ 曹源池庭園 →
 ⑥ 望京之丘

繞上一圈
1 小時

在曹源池庭園內享用精進料理

在「篩月（しげつ）」可以享用到午餐限定的精進料理3000日圓～（需預約），就觀賞著曹源池園，同時享用當令鮮蔬的午餐吧。另需參拜費500日圓。

☎075-882-9725 **MAP** 境內圖P83-❼

法堂
はっとう

天花板上的雲龍圖，是日本畫家加山又造所繪。從任何角度觀看，看起來龍都在看著你，又有「瞪八方之龍」之稱 ❷

直徑9公尺的龍極為壯觀

庫裡
くり

切妻造的寺務所兼廚房。據傳為禪宗始祖達摩大師所繪的達摩圖，面相莊嚴威風卻有著幽默的感覺 ❸

首先會看到這幅達摩圖迎客

地圖標示：
- 北門
- ❻望京之丘
- 多寶殿
- 庫裡（堂內參觀報名）❸
- 曹源池庭園 ❺
- 龍門瀑布
- 曹源池
- 大方丈 ❹
- 枯山水庭園
- 篩月 ❼
- 往寶嚴院
- 庭園參觀報名 ❷法堂
- 天龍寺庭園
- 放生池 ❶ P
- 中門・總門
- 出入口
- 勅使門
- 嵐山天龍寺前
- 妙智院
- 西山艸堂
- N　0　50m

大方丈看到的曹源池庭園也美

放生池
ほうじょういけ

據說因為佛教的不殺生，而設置用來放生捕獲魚類等的池子。7月底時南側有美麗的荷花盛開 ❶

要觀賞盛開的荷花就早上早些到

大方丈
だいほうじょう

寬邊的長度達30公尺，是境內最大的建築。坐下來好好觀賞曹源池庭園吧 ❹

不妨到這裡走走！

嵐山、嵯峨野的推薦景點

常寂光寺
じょうじゃっこうじ

歌人也愛，和自然美諧調的佛寺

位於藤原定家結庵的小倉山中腹，創建於桃山時代的古剎。沒有圍牆，和山勢渾然一體的境內，夏季的新綠、秋季的紅葉等四季各異的風情極美。和有著罕見茅草屋頂的仁王門之間的諧調極為出色。**DATA** ☎075-861-0435 **住**京都市右京區嵯峨小倉町3 **¥**400日圓 **時**9～17時 **休**無休 **交**市巴士嵯峨小學校前站牌步行7分 **P**5輛 **MAP**附錄P19B3

清凉寺
せいりょうじ

國寶的本尊是有著異國感覺的美佛

建在據傳為光源氏本人的源融的山莊原址上。以寬和2年（986）、東大寺的學僧由宋朝帶回日本的釋迦如來像為本尊，也稱為嵯峨釋迦堂。本尊的開放參觀為每年春（4、5月）和秋（10、11月）。**DATA** ☎075-861-0343 **住**京都市右京區嵯峨釋迦堂藤ノ木町46 **¥**400日圓 **時**9～16時（4、5、10、11月為9～17時）**休**無休 **交**市巴士嵯峨釋迦堂前站牌即到 **P**50輛 **MAP**附錄P19C2

二尊院
にそんいん

2大本尊可讓靈驗加倍！？

以釋迦如來像和阿彌陀如來像的2尊佛像為本尊祭祀因而得名。安置鎌倉期2尊的本堂，是在約500年前仿京都御所的紫宸殿建造。總門開始的參道又有紅葉的馬場別稱，晚秋特別地美。**DATA** ☎075-861-0687 **住**京都市右京區嵯峨二尊院門前長神町27 **¥**500日圓 **時**9～16時30分 **休**無休 **交**市巴士嵯峨釋迦堂前站牌步行10分 **P**10輛 **MAP**附錄P19B2

舊嵯峨御所 大覺寺門跡
きゅうさがごしょ だいかくじもんぜき

縈根於王朝文化的歷史與建築

前身是平安初期由嵯峨天皇營造的離宮嵯峨院。貞觀18年（876）時，嵯峨天皇的長女-正子內親王改稱為大覺寺，成為了天皇或皇族擔任住持的門跡寺院。眾多的堂宇雖然無數的戰火下燒毀，但江戶時代時重建，如今仍然留存有著濃重王朝文化的建築。本堂裡安置有本尊五大明王像，由式台玄關到宸殿、正寢殿、御影堂、御影堂、五大堂等各堂都以回廊相連，五大堂東側則有借影周圍山巒的大澤池雄偉景色。大覺寺是嵯峨天皇在弘法大師建議下，曾進行過國家安寧祈祷活動的場所，因此也是著名的抄經根本道場，五大堂的抄經道場一般人也可以參加。在抄經時附上自己的祈求事項後納經，寺方便會代為祈願。**DATA** ☎075-871-0071 **住**京都市右京區嵯峨大澤町4 **¥**500日圓（抄經為1000日圓）**時**9時～16時30分（抄經受理為～15時左右）**休**無休 **交**市巴士大覺寺站牌即到 **P**30輛 **MAP**附錄P19C1

秋季會舉行「觀月之夜」的大澤池

大河內山莊庭園
おおこうちさんそうていえん

大銀幕明星留下的庭園

大正、昭和的電影明星大河內傳次郎，在小倉山南麓興築達6000坪的山莊。利用自然起伏作庭的回遊式庭園裡，有著大乘閣、茶室、中門等的高雅建築。近年獲指定為國家級的文化財。**DATA** ☎075-872-2233 **住**京都市右京區嵯峨小倉山田渕山町8 **¥**1000日圓（附抹茶、茶點）**時**9～17時 **休**無休 **交**市巴士野ノ宮站牌步行10分 **P**20輛 **MAP**附錄P19B3

保津川泛舟
ほづがわくだり

泛舟而下飽覽保津峽的大自然

約2小時由龜岡的乘船處順流而下到渡月橋旁約16公里的旅程。在風光明媚景色的伴襯下，體會急流的刺激驚險氛圍。船長的操竿技術值得注意。**DATA** ☎0771-22-5846 **住**龜岡市保津町下中島2 **¥**4100日圓 **參考網站 休**2月和9月各1天（未定）**交**前往乘船處為京都站搭乘JR嵯峨野線27分的龜岡站下車，步行8分 **P**80輛 **MAP**附錄P19C4 **HP**http://www.hozugawakudari.jp/

落柿舍
らくししゃ

創作名句的俳人的淡雅住宅

向井去來的草庵原址，也以松尾芭蕉造訪時編纂《嵯峨日記》的地方而聞名。門前有柿子樹，以及入口處掛著蓑衣和斗笠顯示主人是否在家等，到處都看得到鄉村的風情。**DATA** ☎075-881-1953 **住**京都市右京區嵯峨小倉山緋明神町20 **¥**200日圓（2015年4月起250日圓）**時**9～17時（1、2月為10～16時）**休**無休 **交**市巴士嵯峨小學校前站牌步行10分 **P**無 **MAP**附錄P19B2

嵐山公園觀景台
あらしやまこうえんてんぼうだい

俯瞰溪谷的絕景景點

位在嵐山公園龜山地區的觀景台。眼下的廣闊大自然景色，加上保津川泛舟的和遊覽小火車經過的模樣都可以一覽無遺。在名勝地嵐山裡，算是可以感受到沉穩氛圍，也是櫻花和紅葉的私房景點。由於夜晚沒有燈光，傍晚以後的散步需注意安全。**DATA** ☎075-701-0101 **住**京都市右京區嵯峨龜ノ尾町 **休**自由參觀 **交**嵐電嵐山站步行10分 **P**無 **MAP**附錄P19B3

さがのとろっこれっしゃ
嵯峨野遊覽小火車

穿過溪谷的景勝鐵道

行駛嵯峨到龜岡之間的7.3公里溪谷的觀光列車。單程約25分鐘的旅程中，窗外盡是四季各異的美麗溪谷風光，車掌令人愉快的遊覽介紹也很有意思。**DATA** ☎075-861-7444(自動語音專線) **住**京都市右京區嵯峨天龍寺車道町(遊覽小火車嵯峨站) **¥**單程620日圓(與上下車區間) **休**需電話確認 **交**JR嵯峨嵐山站下車即可達遊覽小火車嵯峨站 **P**50輛(收費) **MAP**附錄P18D3

むすび かふぇ
musubi-cafe

輕鬆享用理想的健康餐點

提供多種大量使用京都蔬菜和雜糧、當地食材製作的健康菜色。其中尤其是雜糧專家費心設計出來的樂穀菜食午餐900日圓是人氣菜色。店內以白色為基調，造型時尚。**DATA** ☎075-862-4195 **住**京都市西京區嵐山西一川町1-8 **⏰**10時30分～20時(週六日為10時～、週六為～22時) **休**不定休 **交**阪急嵐山站步行3分 **P**無 **MAP**附錄P18D4

もみ かふぇ
MOMI CAFE

在些微溫暖的空間裡補充元氣

位於二尊院附近，有木質溫暖感受的咖啡廳；使用當地無農藥蔬菜和「嵯峨豆腐 森嘉」豆腐的熟蔬組合而成的精進飯午餐1260日圓(需預約)很受歡迎。另有京都點心套餐950日圓等。**DATA** ☎075-882-6982 **住**京都市右京區嵯峨二尊院門前北中院町15 **⏰**11～17時 **休**週二、三，另有臨時休 **交**市巴士嵯峨釈迦堂前站牌步行10分 **P**4輛 **MAP**附錄P19B2

ことききちゃや
琴きき茶屋

著名的櫻餅有著不動的人氣

店位於渡月橋旁的茶店。著名的櫻餅648日圓(附薄茶)，是以豆沙包覆的和以鹽漬櫻葉包覆的無餡餅2個一套，可以吃到雅致的櫻葉香氣。另提供6入的外帶用包1080日圓。**DATA** ☎075-861-0184 **住**京都市右京區嵐山渡月橋北詰西角 **⏰**10～17時 **休**週四(遇假日則營業：春秋以外為週三不定休，有臨時休) **交**嵐電嵐山站步行3分 **P**無 **MAP**附錄P19C4

きょうさがじゅあん
京嵯峨寿庵

裝飾生活的可愛日本雜貨

位於落柿舍附近的日本小物店。在町家風格的沉穩氛圍店內，陳列有日本圖樣的小物和時尚的包巾等多元多樣的商品。備有超過20種的京都蔬菜果醬356日圓～也受歡迎，最適合作為簡便的伴手禮。☎075-862-2520 **住**京都市右京區嵯峨小倉山緋明神町1-11 **⏰**11～17時(有季節性變動) **休**不定休 **交**市巴士嵯峨小学校前站牌步行5分 **P**無 **MAP**附錄P19B3

みんげいていか
民芸定家

完整運用天然竹子

二尊院門前的竹工藝專門店。店名來自於編纂小倉百人一首的藤原定家。運用肌理美而富有彈性的竹子製作的餐具和廚房用具、花器和茶具等，各式商品齊全。飾串540日圓可以用在便當或待客料理時。**DATA** ☎075-881-2660 **住**京都市右京區奧嵯峨二尊院門前 **⏰**9～17時(有季節性變動) **休**無休 **交**市巴士嵯峨小学校前站牌步行12分 **P**無 **MAP**附錄P19B2

多走遠一點前往美佛與時代劇街區太秦

遊逛電影聖地太秦特有觀光景點的同時，去造訪古寺裡美麗的佛像。

とうえいうずまさえいがむら
東映太秦映畫村

京都著名的電影主題樂園

時代劇的布景等，時代劇裝扮等擬真度極高的體驗型設施齊全。新的娛樂設施也陸續登場中。**DATA** ☎0570-064-349 **住**京都市右京區太秦東蜂岡町10 **¥**2200日圓 **⏰**9～17時(12～2月為9時30分～16時30分)※其他視時期變動 **休**2016年1月15～19日 **交**京都站搭乘JR嵯峨野線14分的太秦站步行5分 **P**700輛 **MAP**攜帶地圖背面D4

📖 二尊院裡有座名為「幸福之鐘」的梵鐘，可以自由敲鐘。據說敲3下再祈求幸福的話就會有好事發生。

嵐山、嵯峨野 ● 這裡也應該去！嵐山、嵯峨野的推薦景點

重點看過來！

京都名物匯集
車站大樓裡的購物！

在百貨公司和地下街等匯集的京都車站大樓裡尋找伴手禮。（☞P92）

重點看過來！

有著五重塔的東寺
觀賞珍貴的佛像

收藏有弘法大師空海淵源深厚的佛像。立體曼荼羅十分雄偉。（☞P88）

重點看過來！

盡享古剎東福寺
著名的美景

盡情觀賞紅葉聞名的通天橋以及重森三玲作庭的庭園等古剎的美景。（☞P90）

京都站
就在這裡！

河原町　八坂神社
阪急京都線　　清水寺
東本願寺
西本願寺　　　三十三間堂
東海道新幹線
東寺　京都　　東福寺

甘春堂本店裡享用季節感十足的京菓子（☞P127）

日本至寶匯集古都的門戶

京都站周邊
きょうとえきしゅうへん

是這樣的地方

在旅行的門戶京都站周邊，有著佛教迷不會錯過的許多寺社。包含了擁有表現出密教思想、雄偉立體曼荼羅的東寺，以及接有1001尊觀音像的三十三間堂等。從通天橋觀賞紅葉聞名的東福寺、親鸞聖人相關的東本願寺和西本願寺等，也是不容錯過的好地方。

access

●京都站出發
【巴士】
·市巴士100系統5分的博物館三十三間堂前、6分東山七条下車
·市巴士9系統7分的西本願寺前、8分的堀川五条下車
·市巴士208系統12分的泉涌寺道下車

【電車】
·JR奈良線2分的東福寺站、5分的稻荷站下車

☎075-752-7070
京都市觀光協會
廣域MAP 附錄P3C3

觀光的提要
寄物大型行李
一身輕地去觀光

京都車站大樓裡購物之後行李增加時，就寄放到投幣式寄物櫃吧。寄物櫃數量很多，要記清楚放置的地方。

有著優美的庭園
東本願寺的別邸

石川丈山作的池泉回遊式庭園，有著高雅的風情。（☞P95）

京料理 道楽
（☞P95）

京都站大樓
（☞P92）

御菓子司 東寺餅
（☞P95）

東寺(教王護國寺)
（☞P88）

三十三間堂

東福寺
（☞P90）

0　　200m

推薦的行程時間

4小時30分

景點略為分散，應活用巴士前往。京都站到三十三間堂，可以搭乘市巴士100、206、208系統前往。要前往東福寺、東寺，則應搭乘市巴士202、208系統前往。

起點	1	2	3	4	5	6	終點
JR京都站	京都車站大樓（購物）	三十三間堂（寺院）	京料理 道楽（和食）	東福寺（寺院）	東寺（寺院）	御菓子司 東寺餅（購物）	JR京都站
	步行即到	巴士5分	步行10分	巴士5分	巴士10分	步行即到	步行20分

壯觀的佛像一字排開
空海相關的佛寺 東寺

平安遷都（794年）時，桓武天皇創建，後委由弘法大師管理的東寺。
除了古都的地標五重塔之外，境內就是國寶的大集合。

とうじ（きょうおうごこくじ）
東寺（教王護國寺）

世界遺產

日本最著名的明星佛像集結

平安遷都（794年）2年後的延曆15年
（796），創建作為鎮護王城用的佛寺，
平安京唯一殘留的構造物。之後，弘法大
師空海將之作為日本首座真言密教的根本
道場。擁有本尊藥師如來坐像，和人稱密
教雕刻的傑作立體曼荼羅等，是日本代表
性的佛教美術寶庫。

☎075-691-3325 ⓗ京都市南區九条町1 ☒境內
自由（金堂、講堂為500日圓、寶物館500日圓）
🕐8時30分～17時30分（受理～17時、9月20
日～3月19日為～16時30分※受理～16時30分 ⓗ無
休（寶庫館只在3月20日～5月25日、9月20日～11
月25日開館）☒JR京都站步行15分 Ⓟ50輛
MAP附錄P5B4

こうどう
講堂

安置著由如來、菩薩、明王、天部等21尊佛像構成的立體曼荼羅。國寶不動明王像是日本最古老的 ❶

だいにちにょらい
大日如來

有「偉大的太陽」之意，在曼荼羅中央有著特別光輝的佛像。如來佛裡罕見地有著繁複的裝飾

たいしゃくてん
帝釋天

守護如來、菩薩、明王的任務。沉著穩重的眼睛一帶令人印象深刻，又有「日本最帥佛像」之稱

推薦路線 👣

1 講堂
↓
2 金堂
↓
3 五重塔
↓
4 食堂
↓
5 大師堂（御影堂）
↓
6 南大門

繞上一圈
50分

りったいまんだら
立體曼荼羅

講堂內安置著由21尊佛像構成的立體曼荼羅。圖前為不動明王居中、氣勢雄渾的5尊明王。

一早就熱鬧非凡
每月21日的弘法市集
不應錯過

為紀念弘法大師忌日的3月21日，於每月21日在東寺舉行的緣日「弘法市集」。當天一早，骨董品和服裝等的攤位林立，滿是來尋寶的客人熱鬧非凡。☎0774-31-5550
MAP 附錄P5B4

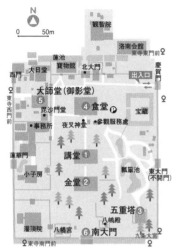

N
0　50m

觀智院
洛南会館
東寺東門前♀
蓮池
大日堂　寶物館　北大門
西門
慶賀門♀
東寺西門前♀
大師堂（御影堂）
⑤
毘沙門堂　④食堂Ⓟ　宝蔵
事務所　夜叉神堂　參觀服務處
蓮華門
講堂①
小子房
瓢箪池　東大門（不開門）
金堂②
五重塔③
灌頂院
八嶋殿
八幡宮
九條大宮♀　⑥南大門
♀東寺南門前

遠稍微離全部遠些用望下來拍些下來！

食堂…昭和初期遭逢火災的四天王守護了本尊❹
大師堂（御影堂）…安置弘法大師像和不動明王像的國寶❺

こんどう
金堂
安置著本尊藥師如來、日光如來、月光菩薩。圍繞藥師如來坐像台座周圍的十二神將也應觀賞❷

なんだいもん
南大門
將慶長6年（1601）建造的三十三間堂西門在明治28年（1895）移築而成。精緻的雕刻可以看出桃山建築的風貌❻

仔細看看第一層屋頂下的四隅，可以看到努力支撐著塔身的天邪鬼

ごじゅうのとう
五重塔
約55公尺高，是日本最高的木造塔，也是京都的地標。現在塔是由德川家光重建的第5代❸

京都站周邊 ● 空海相關的佛寺 東寺

「笹屋伊織本店」（**MAP**附錄P5B3）裡弘法市集的前後3天，著名的銅鑼燒以1365日圓販售。

格子紋路時尚而時髦
欣賞東福寺的本坊庭園

在昭和的日本庭園界吹起新風的作庭家重森三玲的代表作，就是東福寺的本坊庭園。
以嶄新的設計，表現出深奧佛教世界觀的技巧與感性令人不禁嘆服。

北庭
利用金髮蘚和恩賜門的
敷石鋪成的格子紋路既
時尚又很可愛

とうふくじ
東福寺

圍繞著方丈的4庭是永遠的現代主義

嘉禎2年（1236），攝政九條道家建來
作為祖父的菩提寺。圍繞著方丈的4
庭，是昭和14年（1939），由重森三
玲以佛教的「八相成道」的概念作
庭，也稱為「八相之庭」。此寺是著
名的紅葉景點，由通天橋看過去的更
是美不勝收。

☎075-561-0087 🏠京都市東山区本町15-
778 ¥400日圓 🕘9時～16時30分（12月上
旬～3月底～16時、秋季的拜觀期間中為8時
30分～）※受理至30分前 🈳無休 🚃JR東福寺
站步行10分 🅿20輛（秋季的拜觀期間不可停
放） MAP附錄P4E4

莊嚴的三門不應錯過！

其他的庭園
一樣富有藝術感！

南庭
白砂描出的端正漩渦稱
為「八海」，表現出浪
濤洶湧的海象

西庭
修剪成四方形的皋月杜鵑和
砂地，表現出大型的格子
紋。和北庭有不同的風情

東庭
將柱石配成北斗七星的形
狀，加上樹籬作為銀河的
嶄新設計。又名「北斗之
庭」

通天橋
由外面看過去像是由樹林之中穿過般
地美麗，過橋後一樣十分舒適

京都名物一應俱全
京都站大樓內的購物&咖啡廳

話題名店一一進駐的京都站，是現今京都最熱鬧的地方之一。
想買的京都名物到人氣咖啡廳的甜點，就來暢快享受吧。

きんてつめいてんがいみやこみち
近鐵名店街Miyakomichi

連通JR和近鐵京都站。約有40家餐飲店和伴手禮店等。

☎075-691-8384 ⏰餐廳11～22時、簡餐咖啡廳7～20時、商店服務9～20時（部分店鋪有清晨和延長營業）休無休 P無 MAP附錄P5C3

1F **まーるぶらんしゅかふぇ**
マールブランシュカフェ
輕鬆享用名店的蒙布朗蛋糕

位於北山著名甜點店的分店。蛋糕之外，還可以吃到著名的濃茶楓丹巧克力「生茶の菓」等內用限定的名點，自助方式可以輕鬆享用。

☎075-661-3808 ⏰9時～20時30分LO 休無休 MAP附錄P5C3

「生茶の菓」佐香橙醬和鮮奶油。搭配紅茶或咖啡900日圓

店內有著沉穩的氛圍

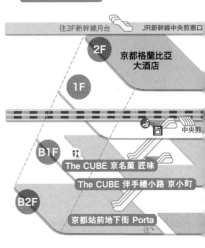

京都車站地圖

往3F新幹線月台 　JR新幹線中央剪票口

2F 京都格蘭比亞大酒店

1F

中央剪

B1F The CUBE 京名菓 匠味

The CUBE 伴手禮小路 京小町

B2F 京都站前地下街 Porta

往

きょうとえきまえちかがい ぽるた
京都站前地下街 Porta

伴手禮、餐飲、流行時尚等超過120家的店鋪

☎075-365-7528（Porta服務處）⏰10～22時（早餐7時30分～，時間因店而異）休無休 P無 MAP附錄P5C3

きょうめいか
京名菓
迷人的京菓子天堂

販售傳統的京都和菓子，以及季節性糕點的京菓子精品店。除了著名和菓子之外，季節限定品和新作品都齊全。

☎075-343-3085 ⏰10～20時（週五六～20時30分）休無休 MAP附錄P5C3

三條若狹屋的祇園ちご餅
1包3支裝388日圓
是以求肥包住白味噌餡，得名自祇園祭的著名菓子

豆政的京の茶だんご
6支裝540日圓
是有著強烈抹茶風味和Q彈感的團子

きょうとえきびるせんもんてんがい ざ きゅーぶ
京都車站大樓專門店街 The CUBE

近JR中央剪票口便利性高。地下1樓還有伴手禮小路京小町。

☎075-371-2134 ⏰1樓、地下1樓8時30分～20時（有季節性變動），地下2樓20時～20時、11樓11～22時 休無休 P無 MAP附錄P5C3

鼓月的千壽煎餅
1片130日圓
口感極佳的鬆餅皮夾著砂糖奶油而成

B1 **きょうめいか たくみ**
京名菓 匠味
大量購買老店的名菓

可以買到約50家老店著名和菓子的專門店。以單件和小包裝方式販售，可以輕鬆挑選眾多種類。

☎075-365-8614 ⏰9～20時（有季節性延長）休無休 MAP附錄P5C3

龜屋良永的御池煎餅
22片裝1350日圓
特色是酥脆兼具的獨特口感和淡淡的甜味

車站大樓裡輕鬆享用老店的京都料理

JR京都伊勢丹11樓的「京都和久傳」，提供午餐2700日圓（數量限定）、晚餐6000日圓～的低廉京都料理。☎075-365-1000 **MAP** 附錄P5C3

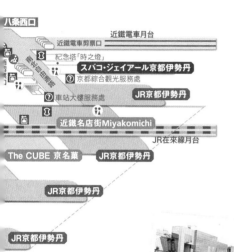

八条西口

近鐵電車月台
近鐵電車剪票口
紀念塔「時之燈」
スバコ・ジェイアール京都伊勢丹
① 京都綜合觀光服務處
車站大樓服務處
JR京都伊勢丹
近鐵名店街Miyakomichi
JR在來線月台
The CUBE 京名菓 ── JR京都伊勢丹
JR京都伊勢丹
JR京都伊勢丹

すばこ・じぇいあーるきょうといせたん
スバコ・ジェイアール京都伊勢丹

JR京都站西剪票口前，可以輕鬆前往的人氣景點

☎075-352-1111（JR京都伊勢丹代表號）🕐3樓餐廳11～23時，因店而異 休不定休 P1250輛（京都車站大樓停車場）**MAP** 附錄P5C3

なかむらとうきちきょうとえきみせ
3F 中村藤吉京都駅店

宇治的人氣日式咖啡廳

創業150多年的宇治茶老店設在京都市內的分店。鎖住濃郁茶味的生果凍841日圓等著名的甜點之外，還有在此店才吃得到的聖代和套組。

☎075-352-1111（京都伊勢丹代表號）🕐11時～21時15分LO 休不定休 **MAP** 附錄P5C3

まるとパフェ聖代1001日圓是京都站店的限定品項

以大桌為中心，寬鬆座位配置的時尚空間

じぇいあーるきょうといせたん
JR京都伊勢丹

備有各領域老店的名品，是JR京都站直達、便利性極高的百貨公司。

☎075-352-1111 🕐10～20時（7～10樓餐廳11～23時11樓11～22時）休不定休 P1250輛（京都車站大樓停車場）**MAP** 附錄P5C3

ちかしょくりょうひんうりば
B1、B2 地下食品賣場

美食的京都品牌齊全

漬物、熟菜、調味料、菓子等，全部的京都美食品牌齊聚。光是和菓子專櫃就超過了30家。

☎075-352-1111 🕐10～20時 休不定休 **MAP** 附錄P5C3

鶴屋吉信的藍莓餅
1盒756日圓
是藍莓搭配求肥的水果麻糬

丸久小山園的抹茶蛋卷
10支裝540日圓
老字號茶店製作的西式糕點，和咖啡十分對味

さりょうつじり
6F 茶寮都路里

一定要吃到的著名聖代

本店在祇園的甜點店分店。可以享用到特選都路里聖代1296日圓，以及有著京風味的冰淇淋和果凍等各式美味。此店也是排隊名店。

☎075-352-6622 🕐10時～19時30分LO 休不定休 **MAP** 附錄P5C3

也適合1人使用的窗邊座位可以看到京都塔，開放感十足

JR京都伊勢丹限定的抹茶可麗餅 都路里ぷくさ1339日圓

📖 在京都車站大樓10樓的空中通道，是一座位於45公尺高度的玻璃帷幕迴廊，京都市區一覽無遺。

不妨到這裡走走！

京都站周邊的推薦景點

ひがしほんがんじ
🏯 東本願寺

御影堂是世界最大的木造建築之一

慶長7年（1602）創立的真宗大谷派本山，正式名稱為真宗本廟。御影堂裡安置有開山宗祖親鸞聖人的御真影（木像）。※阿彌

陀堂和御影堂到2015年底之前都在施工中。**DATA** ☎075-371-9181 🅗京都市下京区烏丸通七条上ル 🆈免費 🕐5時50分～17時30分（11～2月為6時30分～16時30分）🈳無休 🚉JR京都站步行7分 🅟無 **MAP** 附錄P5C2

にしほんがんじ
🏯 西本願寺   世界遺產

秀吉淵源深厚的桃山藝術寶庫

淨土真宗本願寺派的本山。親鸞聖人的么女覺信尼興建廟堂在東山，並安置聖人御影為起源。在數次移轉久後，天正19年（1591），豐臣秀吉捐贈寺地後遷到現址。廣闊的境內，除了安置有親鸞聖人木像和懸掛有歷代門主御影的御影堂之外，還有「日暮門」之稱，有著富麗堂皇雕刻的唐門，以及將秀吉興建聚樂第的部分移築、京都三名閣之一的飛雲閣等，眾多的桃山文化華麗藝術性的國寶和重要文化財。另外，書院的障壁畫和庭園「虎溪之庭」等建築內部的看點也不應錯過。樹齡約400年的大銀杏，則被指定為京都市的天然紀念物。**DATA** ☎075-371-5181 🅗京都市下京区堀川通花屋町下ル 🆈免費（書院、飛雲閣參觀需預約）🕐5時30分～17時（3、4、9、10月～17時30分・5～8月～18時）🈳無休 🚉市巴士西本願寺站牌即到 🅟有 **MAP** 附錄P5B2

面對境內南側道路的唐門

とよくにじんじゃ
⛩ 豐國神社

希望能有立身出世的秀吉護持

祭祀豐臣秀吉的神社，以「豐國神」聞名。豐臣家滅亡後，在幕府的命令下廢祀，但於明治

13年（1880）重興。除了相傳是伏見城遺構的唐門之外，還有展示多件秀吉相關文物的寶物館。**DATA** ☎075-561-3802 🅗京都市東山区大和大路正面茶屋町530 🆈境內自由（寶物館為300日圓，9～17時）🚉市巴士三十三間堂前站牌步行5分 🅟20輛 **MAP** 附錄P4E2

いちひめじんじゃ
⛩ 市比賣神社

除厄祈禱著名的女守護神

據說是桓武天皇命由藤原冬嗣創建、歷史悠久的神社。以設有全日本罕見的女人祈禱而聞名，來自全日本的女性參拜者絡繹

不絕。女人御守和姬籤詩等守護女性的商品人氣也高。**DATA** ☎075-361-2775 🅗京都市下京区河原町五条下ル一筋目西入ル 🆈免費 🕐9～17時（受理～16時30分）🈳無休 🚉地下鐵五条站步行10分 🅟無 **MAP** 附錄P4D2

ふしみいなりたいしゃ
⛩ 伏見稻荷大社

鳥居綿延的稻荷信仰聖地

全日本約有3萬間稻荷神社的總本宮。創祀極為古老，為和銅4年（711）。是五穀豐收、生意興隆的神祇，得到眾多民眾的信仰。本殿背後到奧社之間綿延的紅色鳥居景。**DATA** ☎075-641-7331 🅗京都市伏見区深草藪之內町68 🆈境內自由 🚉JR稻荷站即到 🅟170輛 **MAP** 攜帶地圖背面G6

ちしゃくいん
🏯 智積院

收藏了長谷川等伯一門的障壁畫

建立作為豐臣秀吉亡子鶴松菩提寺的祥雲禪寺，是真言宗智山派的總本山。據傳為「千利休喜歡的庭園」的

國家級名勝庭園，以及國寶壁障畫「楓圖」「櫻圖」等可觀之處極多。**DATA** ☎075-541-5361 🅗京都市東山区東瓦町964 🆈免費（收藏庫、庭園、講堂為500日圓）🕐9時～16時30分 🈳12月29、30、31日 🚉市巴士東山七条站牌即到 🅟30輛 **MAP** 附錄P4E3

せんにゅうじ
🏯 泉涌寺

高雅的皇室淵源「御寺」

弘法大師結庵並命名為法輪寺為起始。建保6年（1218），月輪大師將此作為天台、真言、禪、淨土等四宗兼學的道場。嘉祿2年（1226），由於道場一隅湧出泉水，因而改名為「泉涌寺」。之後成為天皇家的菩提寺，有為數頗多的歷代天皇御陵興建於此，因而又有「御寺」之稱，境內還設有天皇等皇族來此作為居所的御座所。大門正面雄偉的佛殿裡，安置著運慶做的阿彌陀、釋迦、彌勒等三尊佛，是過去、現在、未來三世都能引導人們幸福的意思。觀音堂內安置，來自中國的楊貴妃觀音坐像，帶有笑意的慈祥表情令人印象深刻。要得到楊貴妃庇佑成為美人而來參拜的人眾多。**DATA** ☎075-561-1551 🅗京都市東山区泉涌寺山內町27 🆈500日圓（御殿、庭園加收300日圓）🕐9時～16時30分（12、2月～16時）🈳無休 🚉市巴士泉涌寺站牌步行10分 🅟30輛 **MAP** 附錄P4F4

莊嚴氛圍裡的佛殿內三尊佛

京都塔 きょうとたわー

立於京都門戶前的絕景景點

昭和39年（1964）以照亮城市的燈telescope概念興築，高度131公尺的觀景塔。在高度100公尺的展望台，京都一覽無遺。週六日、假日的白天時，人氣吉祥物Tawawa將可能會出現。**DATA** ☎075-361-3215 **住**京都市下京區烏丸通七条下ル **￥**展望室770日圓 **時**9～21時 **休**無休 **交**JR京都站即到 **P**25輛（收費）**MAP**附錄P5C3

涉成園 しょうせいえん

四季美景富有變化的美景地

東本願寺外飛地境內，據傳是石川丈山作庭的優雅池泉回遊式庭園。可以欣賞到四季的節令花卉盛開，又富有變化的景觀。**DATA** ☎075-371-9210 **住**京都市下京區下珠数屋町通間之町東入東下水町 **￥**庭園維護捐獻500日圓以上（贈導覽書）**時**9～17時（11～2月～16時※受理至30分前）**休**無休 **交**JR京都站步行10分 **P**10輛程度 **MAP**附錄P4D2

わらじや わらじや

大啖老店的著名鰻魚雜炊

創業400多年的鰻魚雜炊料理專門店。豐臣秀吉曾在此休憩時脫了草鞋，便成為此店店名。將白燒鰻魚加入麻糬和蔬菜，再打上雞蛋的鰻魚雜炊1人份6706日圓～。**DATA** ☎075-561-1290 **住**京都市東山區七条通本町東入西之二門町555 **時**11時30分～14時、16～19時LO（週六、假日為11時30分～19時LO）**休**週二 **交**市巴士博物館三十三間堂前站牌即到 **P**無 **MAP**附錄P4D3

京料理 道楽 きょうりょうり どうらく

將正統京都料理做成秀吉相關的便當

江戶時代創業的老字號料亭。季節食材妝點的京都料理，除了有道地的全餐之外，也有輕鬆享用的便當。將各種料放入豐臣秀吉作為旗號的葫蘆型器皿裡的豐國便當5400日圓，是史跡眾多的這個區域裡特有的。**DATA** ☎075-561-0478（需預約）**住**京都市東山區正面通本町西入ル **時**12～14時、17時30分～19時30分 **休**週一（逢假日則營業）**交**京阪七条站步行5分 **P**無 **MAP**附錄P4D2

オーガニックカフェ ここはな おーがにっくかふぇ ここはな

做東福寺的可愛甜點

使用有機食材為底，也大量使用抹茶和生麩等的自創甜點極受歡迎的町家咖啡廳。用料華麗的東福寺聖代972日圓等，有多種挑戰少女心的聖代。**DATA** ☎075-525-5587 **住**京都市東山區本町13-243-1 **時**10～18時 **休**不定休 **交**JR東福寺站即到 **P**無 **MAP**附錄P4D4

わらび奄 わらびあん

嚴選食材手工製作的蕨餅備受好評

改裝町家而成，有著沉穩氛圍的甜點店。最受歡迎的とろ～り蕨餅650日圓，是使用日本產蕨粉和沖繩西表島黑糖，搭配京都的名水用心製成，有著入口即化的口感。附和三盆糖和黑豆粉醬汁。外帶325日圓。**DATA** ☎075-756-9048 **住**京都市東山區泉湧寺五葉ノ辻町20-2 **時**11～17時（週六～16時）**休**不定休 **交**JR東福寺站步行2分 **P**無 **MAP**附錄P4D3

御菓子司 東寺餅 おかしつかさ とうじもち

東寺觀光不可或缺的門前名物

東寺愛用的老字號和菓子店。和屋號相同名稱的東寺餅130日圓很有名，以柔軟的米皮包住滑嫩口感豆沙餡的純樸味道備受好評。此外，有著芳香艾草風味的蕨餅210日圓也極受歡迎。**DATA** ☎075-671-7639 **住**京都市南區東寺門前町88 **時**7～19時 **休**每月6、16、26日（逢週日、假日則營業）**交**JR京都站步行15分 **P**無 **MAP**附錄P5B3

香老舖 薫玉堂 こうろほ くんぎょくどう

京都傳統的日本香氣

有著400多年歷史的老字號香舖。販售用在香道和佛事的傳統香，以及西式的獨創香和外觀極為華麗的香袋等多種產品。也有可以學到聞香的方式和享香爐的方式等需時90分的聞香體驗（2500日圓、需預約）。**DATA** ☎075-371-0162 **住**京都市下京區堀川通西本願寺前 **時**9時～17時30分 **休**第1、3週日 **交**市巴士西本願寺前站步行3分 **P**2輛 **MAP**附錄P5B2

箱藤商店 はことうしょうてん

可以收納重要物品的優質桐盒

製作桐盒以保管和服和茶碗等至今的老店。近年來在傳統的款式之外，還有如有可愛彩繪的雞蛋盒5400日圓等現代化外觀的桐盒多種。還可以訂製自己喜歡的外形和花樣。**DATA** ☎075-351-0232 **住**京都市下京區堀川通五条下ル柿本町580-8 **時**9～18時（週六為10時～）**休**週日、假日 **交**市巴士堀川五条站牌即到 **P**無 **MAP**附錄P5B2

 西本願寺、東本願寺周邊自古就是佛具店集中的區域，有許多專業性的品項。

在高雅風格的京町家體驗正統的舞妓

／現職著付師設計制作／

在為數眾多的舞妓體驗店家裡，此店「花風」以提供宮川町男眾（舞妓專門著付師）的正統著付聞名。在你挑好的和服上，男眾會考慮到季節和月份等，替你搭配帶和花簪。可以詢問花街的習俗等問題，也是正統著付師店家才有的服務。

A在衣擺裡加入棉的冬季和服　B帶有除厄意味的頻色繫帶、帶結、緹花帶　C未滿1年舞妓可以使用的下垂油菜花和櫻花簪　D紅色鼻緒的厚底鞋風情萬種

變身為真正的舞妓

✣ 輕鬆專案12960日圓～（需時約3小時） ✣

換穿了店裡的浴衣後，就可以在一大排的和服裡選出自己喜歡的

卸妝後做白粉化妝。使用實際使用的化妝品和道具，化妝到脖子下方

著付的程序、衿和衣擺的配合方式、帶的位置等都和花街相同。不過10分鐘就成了傳統的舞妓外觀了

〈體驗數據〉 名額 1日限定2組（1組2～3人） 日時 非週三的每日9時～／13時～ 費用・所需時間 上述輕鬆專案之外，花風專案17280日圓（約3小時30分）、講究專案34560日圓（約4小時） 自備品 無 預約 2個月前開始預約

東山

かふう

花風

位於白川旁，約有90年歷史的町家，可以在京都風情裡體驗舞妓。使用舞妓實際穿著的真正和服、帶、小物，由在職中的男衆按照標準程序來進行穿著。化妝也是前舞妓直接傳授。穿好就可以上花街信步遊逛了。

☎075-531-3990 住京都市東山区林下町452-3 ◷受理預約9～22時 休週三 交地下鐵東山站步行4分 P無 MAP附錄P16A4

HP http://kyoto-ka-fu.com/

遇得到令人感動的美味
好好享用美味的京都吧

外觀和味道都極為細緻的京懷石、健康的豆皮料理、家庭式風味的丼飯和熟菜⋯京都美食既多彩又吃不膩。在觀光景點之間，享用抹茶聖代和日本甜點小憩也是樂趣之一。

令人欽羨的京懷石
午餐價格低廉最適合享用

總有著高門檻感覺的京懷石名店，午餐的話就吃得起了。
就以划算的全餐，來享用廚師技術高超的季節美味吧。

今天請好好享用

我要吃了

潔淨整齊的白木櫃台座，可以和廚師聊天最吸引人

祇園

ぎおんかわかみ

祇園川上

在祇園享用櫃台割烹的醍醐味

「從器皿到店內的習慣，料理要用五感來享用的」，做如是表示的店主，是在祇園川上學藝後，再在各地名店修習後傳給第二代。獨創的全新風格與團隊合作，在美好的氛圍裡，以絕品料理待客。

☎ 075-561-2420（需預約）㊟京都市東山区祇園町南側町570-122 🕐12時～13時30分LO、17～21時LO ㊡不定休 🚇京阪祇園四条站步行5分 🅿無 MAP 附錄P11C2

★晚餐的全餐14000日圓、16200日圓、19400日圓、21600日圓（另收服務費10%）

日式菜刀視食材使用不同刀種。美妙的菜刀運刀值得注意

1 有桌座的包廂可供2～4人使用。可以和家人朋友度過著侈的時光
2 位於花見小路通向西一條路、安適寧靜氛圍的西花見小路通旁

以"三手"來持筷,就會有高雅的感覺

請各位先記住漂亮的持筷方式。首先,以右手的拇指、食指、中指,由上向下夾起筷子。以左手從下方拖住筷子,再以右手由右方滑向下方持筷,就完美了!

享用美麗的盛盤、細緻的味道

一 先付 さきづけ
鯖魚壽司、甘煮明蝦、青味蘿蔔的昆布漬、黑豆等共7色

二 生魚片 おつくり
由淡路島每天快遞送到的鮮度超群的明石鯛和烏賊

三 碗湯 おわん
仔細濾細的白味噌有著軟綿滑順的口感令人驚艷

四 炊合 たきあわせ
以有著柴魚和昆布美味的高湯煮成的海老芋和豆皮等

五 烤物 やきもの
將以白味噌底的醃漬醬醃過的馬加魚仔細燒烤而成的幽庵燒

六 蒸物 むしもの
光亮的銀勾芡極美、聖護院蘿蔔鬆軟可口

七 米飯 ごはん
小山一般的鮭魚卵很奢華。附泡菜和赤味噌湯

八 水物 みずもの
甜點是當令水果。切成一口大小食用

※菜色會隨著季節改變

★ 最好先知道

享用京懷石的禮儀

◇◆ **要先預約** ◆◇
京懷石的餐廳基本上都要預約。日期和時間確定之後,就打電話給店家吧。

◇◆ **少用香水** ◆◇
有強烈味道的香水和化妝品會破壞掉味道細緻的京都料理風味,應避免。

◇◆ **要慢慢地品嘗** ◆◇
菜色是配合用餐的速度送上來的,因此不要急不要趕好好享用。

請放鬆心情光臨!

午餐的懷石全餐 5400日圓
(※另收服務費10%)

先付、生魚片、碗湯、炊合、烤物、蒸物、米飯、水物等共8道菜。豐富的當令食材盛盤的各色器皿等,都有著店主的高品位。

※午餐另有8640日圓、10800日圓的全餐(另收服務費10%)

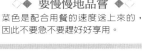

喜歡到現場看高中棒球賽的店主曾是高中棒球隊員。他認為懷石料理和棒球一樣,團隊合作都極為重要。

令人欽羨的京懷石最好選午餐時享用

1 本日的先付，是烤蕪菁、江珧蛤、鮭魚卵勾菊花芡 **2** 向付是伊勢直送的九繪魚生魚片。先沾藻鹽吃過後再沾醬油享用 **3** 海老芋和原木滑菇的白味噌煮，甜味和鮮味絕妙 **4** 著名的燒胡麻豆腐是在構想3年後誕生。另有伴手禮用1盒6入3780日圓

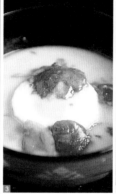

四条烏丸
じき みやざわ
じき 宮ざわ

抓住美食家的心燒胡麻豆腐是絕品

可以用低廉價格吃到嚴選食材做的京都料理而聞名。由製作「他店沒有的菜色」為出發點想出的著名燒胡麻豆腐，外皮香酥而裡面卻是入口即化的口感，會令人一吃上癮。店主學藝時就開始收集的器皿也十分精彩。

☎075-213-1326（需預約） 🏠京都市中京区堺町四条上儿東側八百屋町553-1 🕐12時～13時45分入店，17時30分～20時入店 🈺週四・第1週三 🚇阪急烏丸站步行5分 🅿無 **MAP**附錄P13C3

★晚餐有7560日圓、10800日圓、12960日圓、16200日圓等四種全餐（需預約）※晚餐另收服務費10%

3780日圓的午餐全餐

最受歡迎的是有先付、碗湯、向付生魚片、燒胡麻豆腐、米飯和泡菜、最中等3780日圓的全餐。另有食材和調理法略有不同的5400日圓、7560日圓的全餐。（需預約）

5 主人自豪的酒器從骨董到作家作品都有 **6** 有著大窗子的店內只有櫃台座10座。也可以享受和廚師對話的樂趣 **7** 就在錦市場附近的地理位置又有著料亭的風格，但輕鬆的氛圍大受好評

圓融的好味道

以懷石方式享用西京漬

西京漬的名店「京都一の傳本店」裡，提供以西京漬為主菜的懷石料理3240日圓，搭配現蒸的砂鍋飯享用（需預約）。在町家享用傳統的美味吧。☎075-254-4070 **MAP** 附錄P13C3

四条烏丸
きょうりょうり きのぶ

京料理 木乃婦

滿是豐富創意的
當地人喜愛的迷你懷石

提供的美味讓室町時代的社長們都滿意的名店。第三代店主的料理，在承續了京都料理的傳統同時，還導入了法國菜的調理方式等，充滿了嶄新的創意。料理和碗盤的調和也極佳。

☎075-352-0001 **住**京都市下京区新町仏光寺下ル **⏰**12時～13時30分LO、18時～19時30分LO **休**不定休 **交**地下鐵四条站步行5分 **P**6輛 **MAP** 附錄P13A4

★晚餐為12960日圓～21600日圓、葡萄酒會席21600日圓～（需預約）

木乃婦全店都是日式座位的包廂。午餐就能夠享用到舒適而奢華的感受

午餐的
迷你懷石
5400日圓～
（限平日）
八寸、蒸物、炸物、生魚片、御碗、水物、炊合等料理內容，會依據當天的進貨而做調整。另有7560日圓的全餐。（需預約）

前起「蕪菁和海老芋的蟹肉芡」「鯛魚的昆布漬」「馬加味噌漬淋胡麻醬」

祇園
とうぜんてい

陶然亭

在祇園享用
出色的平價割烹

位於骨董店密集的新門前通上的割烹店。在京都料理名店和法國菜餐廳都學藝過的店主提供的，是十分費工夫的料理。每天進貨的當令食材調理的京懷石，可以平實的價格享用到。

☎075-561-8024（需預約）**住**京都市東山区新門前通大和大路東入ル西之町227-3 **⏰**12～14時、18時～22時30分 **休**週日、週一午餐（週一逢假日則連休）、有臨時休 **交**京阪三条站步行3分 **P**無 **MAP** 附錄P11B1

★晚餐有5400日圓、7560日圓、10800日圓、16200日圓等4種全餐（需預約）

3240日圓的
午餐全餐
先付、向付、烤物、鍋物、小魚乾飯和泡菜、甜點（烤布蕾）、咖啡。另有5400日圓、7560日圓的全餐。（需預約）

以京唐紙陳設統一的店內，有著時尚而沉穩的氛圍

視當天的進貨來決定菜色。一直到最後一道甜點烤布蕾都樂趣無窮

懷石料理除了當令的食材之外，還有季節剛開始的「走り」和季節後期的「名殘り」食材，充滿了季節變遷的感動。

陶醉於華麗的配色
享用老店的便當

集結京都料理訣竅、當令配色和味道都極優越的京都便當。
菜色當然美味，碗盤也有各自店家的特色，簡直就是百寶箱。

山莊便當
4000日圓
（平日限定、需預約）

由馳名的單點菜色到
當令美味的多樣化內
容。附季節和菓子和
抹茶
※料理內容因季節
變更

市役所前
きょうりょうり みこう
京料理 みこう

能夠輕鬆享用的超值點心

將100年歷史的町家改裝而成的店內，
設有面向坪庭的日式座位和下挖式暖
桌以及桌席，有著輕鬆享用京都料理
的氛圍。「町家點心」裡，「松」的
內容加上蒸物、天麩羅的「竹」，以
及附了湯豆腐的「禪」各3605日圓。

☎075-221-4826 圓京都市中京区河原町夷
川西入一筋目上ル西革堂町193-1 ◯11時30
分～14時30分、17時30分～21時30分※便
當在午餐提供 圆週三、第4週二（逢假日則營
業） 圆地下鐵京都市役所前站步行5分 圓無
MAP 附錄P14C3 ※應盡量預約

★晚餐為5670日圓、7000日圓、8240日圓
等3種全餐

知恩院周邊
きょうとほてるおーくら
べってい きょうりょうり あわたさんそう
京都大倉飯店
別邸 京料理 粟田山荘

在看著庭園的包廂享受優雅時光

昭和12年（1937）興建，是西陣絹織
商的別墅，是數寄屋造的美麗建築。可
以在看到日本庭園的包廂裡，享用突
顯出食材原本美味的京都料理。迷你會
席「ひがしやま」（東山）8800日圓
和午餐的會席料理也值得品嘗。

☎075-561-4908 圓京都市東山区粟田口三
条坊町2-15 ◯11時30分～14時30分、17時
30分～21時※便當在午餐提供 圆無休 圆地
下鐵東山站步行5分 圓3輛 MAP 附錄P16B4
※料理均需預約

★晚餐有「琉璃」16000日圓和其他當令的
特別會席

町家點心、松
2575日圓 （需預約）

附自製小魚山椒飯和
清湯，量量十足的雙
層重

❖菜色例❖
馬加魚的幽庵燒／生
魚片／海鰻拌梅肉／
高湯蛋卷／帶子香魚
甘露煮約20道

也有可以在站內買到的推薦便當

使用了鯛魚昆布漬和生豆皮等京都食材的手毬壽司附和菓子的「花梓伭」つまみ壽司2916日圓，在「JR京都伊勢丹」地下2樓的老舖便當專櫃提供。☎075-342-5630 **MAP**附錄P5C3

手をけ弁（手桶便當）
3564日圓（需預約）

菜色會隨著季節改變的手桶，還附了米飯和紅味噌湯。料理和酒十分對味的風評極佳

❖菜色例❖
炊合（南瓜、生麩等）／烤魚／明蝦／高湯蛋卷　約17道

岡崎
ろくせい
六盛
以特製手桶盛裝的豐富菜色

明治32年（1899）創業，由第2代店主設計出的「手おけ弁當」，是使用人間國寶的大師製作的美麗手桶，盛裝當令各色美味的極品。將手桶料理加入全餐內的「本月的推薦料理」7560日圓（另收服務費）等風評也佳。

☎075-751-6171 🏠京都市左京區岡崎西天王町71 🕐11時30分～14時、17～21時（週六日、假日是11時30分～21時）※便當在午餐提供 休週一（逢假日則翌日） 🚊市巴士東山二条・岡崎公園口站牌步行5分 🅿7輛 **MAP**附錄P16A3

★晚餐有5940日圓、7560日圓、8640日圓、10800日圓等4種全餐（另收服務費）

祇園
じきしんぼう さいき
直心房 さいき
素雅綠高餐盒描繪季節的表現力

2009年由京都市北區搬遷到八坂神社旁，創業超過75年的京都料理店。櫃台前的開放式廚房裡備有炭架和鐵板；除了便當之外，也提供以一湯四菜為主的主廚特配「お昼のおまかせ」5400日圓～。

☎075-541-8630 🏠京都市東山區八坂鳥居前下ル上弁天町433-1 🕐11時30分～14時30分、17時30分～22時30分※便當在午餐提供 休不定休 🚊市巴士東山安井站牌步行3分 🅿無 **MAP**附錄P10D3 ※料理均需預約

★晚餐有10800日圓、13000日圓、16200日圓等3種全餐

大徳寺緣高点心
4200日圓（需預約）

模型壓出的米飯和楓葉配飾等，表現出四季變化的細緻擺設賞心悅目

❖菜色例❖
馬加魚味噌幽庵燒／鴨里肌／帶卵香魚／高湯蛋卷／鯛黃味煮／明蝦／海老芋　約17道

籠盛り弁
3780日圓（需預約）

按照生魚片、便當、湯、甜點的順序上菜。當籠盛登場時不由得樂上心頭

❖菜色例❖
茄子田樂／茗荷的手毬壽司／星鰻八幡卷／高湯蛋卷…約18道

木屋町
きょうりょうり あとむら ほんてん
京料理 あと村 本店
當令食材擺滿竹籠裡的名物

店位於本屋町通的東側，夏天可以享用風雅川床的老店。帶有野趣的竹籠裡優雅地擺上季節料理的「籠盛り弁當」，是尤其受到女性喜愛的名物。另有附玉米天麩羅的種類。

☎075-343-3770 🏠京都市下京區木屋町通四条下ル斎藤町139 🕐11時30分～14時LO、17～21時LO ※便當在午餐提供 休無 🚊阪急河原町站步行5分 **MAP**附錄P12E4 ※料理均需預約

★晚餐有9720日圓、10800日圓、12960日圓、16200日圓（另收服務費）等4種全餐

最著名的便當松花堂便當，據說來自於「寬永的三筆」之一・江戶初期文化人且是僧侶松花堂昭乘的名字。

感動於圓融的美味！
豆腐、豆皮、麩大餐

輕爽味道和口感大受歡迎的豆腐、豆皮、麩，是京都美食重要的一環。
最著名的湯豆腐到豆腐相關料理，變幻自在的美味是眾多人們的摯愛。

河原町

たごと
田ごと

重視季節感高雅湯葉大餐

明治初期創業，提供平實價格享用四季食材調理的京都料理。人氣的「ゆば料理」，使用的是錦市場專門店的豆皮，可以品嘗到體現出對於豆皮講究之下做出來的多樣菜色。

☎0120-307-361 住京都市下京区四条河原町西入ル御旅町34 ⑤11～15時、16時30分～21時 休無休 交阪急河原町站即到 P無 MAP附錄P12D3

1 在有著日本風味的沉穩空間裡，寬敞地擺放著桌子。另有半包廂式的和室 **2** 位於面對四条通的大樓裡，卻有著巷弄感覺的沉穩與高雅

ゆば料理 4000日圓
有生豆皮、東寺湯葉、湯葉八幡卷等豆皮、豆腐料理等15道菜

南禪寺周邊

そうほんけゆどうふ おくたん なんぜんじ
総本家ゆどうふ 奥丹 南禅寺

在古老風情裡享用傳統的湯豆腐

創業370餘年的湯豆腐老店。菜色只有一種，是使用優質日本產黃豆和白川伏流水的自製豆腐做出的「ゆどうふ一通り」（湯豆腐全席）。欣賞著美麗的庭園好好享用吧。

☎075-771-8709 住京都市左京区南禅寺福地町86-30 ⑤11～16時（週六日、假日～16時30分） 休週四 交市巴士南禅寺、永観堂道步行10分 P無 MAP附錄P16C3

ゆどうふ一通り 3240日圓
除了以小炭爐供餐的湯豆腐之外，還有田樂、天麩羅、山藥麥飯等豪華的內容

脫下鞋子走上去的風雅日式座位。天氣晴朗的日子還可以在庭園裡享用

麩的外觀也會搭配著季節改變。

老店設計製作的豆漿冰沙

「総本家ゆどうふ奥丹」的清水店，自從開始賣各種豆漿冰沙250日圓大受歡迎。豆漿裡加入檸檬皮，有著清爽的風味。 ☎075-525-2051 **MAP**附錄P15B3

五条
はんべえふ
半兵衛麩

只做京麩320年，感動於老店的滋味

元祿2年（1689）營業至今的京麩老店。使用精選食材細心製作的產品陳列的店鋪後方設有茶房（需預約），提供各種吃得出麩和豆板美味的各個季節料理。

☎075-525-0008（需預約）**住**京都市東山區問屋町通五条下ル上人町433 **時**11～16時（最後入店為14時30分，銷售為9～17時）**休**無休 **交**京阪清水五条站即到 **P**無 **MAP**附錄P4D2

むし養い料理 3240日圓

提供多種費時費工的自製料理，如生麩的時雨煮和生麩田樂等。

在柱子和活動隔間等有著町家風情的沉穩氛圍裡，輕鬆享用美食

とうふ料理全餐（午） 3240日圓

湯豆腐、滝川豆腐、焗烤豆腐等份量十足共10道菜

豆腐使用的是東山老店「山崎豆腐」的產品，3人以上時可以使用包廂

知恩院周邊
とうふりょうり れんげつぢゃや
豆富料理 蓮月茶や

講究的豆腐全餐

位於神宮道旁的豆腐料理店。有100年以上歷史的風雅建築裡，可以享用到店名由來－幕末歌人蓮月尼最愛的豆腐，做成湯豆腐、焗烤等的各種菜色。

☎075-561-4589 **住**東山區神宮道知恩院北入ル **時**11時～13時30分LO、17時～19時30分LO **休**週二、三 **交**市巴士知恩院前站牌步行5分 **P**無 **MAP**附錄P10E1

高台寺周邊
はなさき まんじろう
花咲 萬治郎

大啖京都料理美技集結的中午點心

在120年歷史的町家裡，提供四季各異的京都料理。午餐的著名餐點、高人氣的「麩麵點心」，是有著加入麩的麩麵，和前菜到甜點全由麩&豆板製作的菜色。

☎075-551-2900 **住**京都市東山區高台寺北門通下河原東入ル鷲尾町518 **時**11時30分～14時30分LO、17時30分～21時LO **休**不定休 **交**市巴士東山安井站牌步行5分 **P**無 **MAP**附錄P10E3

麩麵点心 2090日圓

可以吃到豆皮和蕪菁菜的芝麻涼拌和麩饅頭等少量多樣的菜色

設有可以清楚欣賞到維護周全庭園的座位，重視町家風雅的空間

半兵衛麩裡還有高人氣的京菓子笹卷麩5個裝1080日圓。是包著豆沙餡的生麩饅頭。

輕鬆享用的美味蓋飯是當地人喜愛的京都風味

在參觀風景區的途中可以快速吃完，而且美味的蓋飯類。
集歷史與講究堅持的一碗，是當地民眾也愛的庶民派美食。

高雅的甜味令人上癮的京式蕎麥麵

にしんそば　920日圓

有著紅燒鯡魚湯汁的甜味美味醬汁

岡崎

かわみちやようろう

河道屋養老

明治時代創業的老店，可以欣賞著寬敞美麗的庭園享用蕎麥麵。使用豆皮和生麸等全部京都食材做成的蕎麥麵涮鍋「養老鍋」3600日圓和鯡魚麵有高人氣。

☎075-771-7531 住京都市左京区聖護院西町1 ⌚11～19時LO 休週二 交市巴士熊野神社前站牌即到 P2輛 MAP附錄P16A2

位於聖護院門前西側的厚實建築

祇園

ごんべえ

権兵衛

在南座公演的演員和藝妓、舞妓們都常光顧的麵店。使用宇佐的柴魚和羅臼昆布提取的高湯，是正宗關西風。蕎麥麵和烏龍麵之外，親子丼人氣也高。

☎075-561-3350 住京都市東山区祇園町北側254 ⌚11時30分～20時LO 休週四 交京阪祇園四条站步行5分 P無 MAP附錄P11C2

有著祇園老店風情的建築，但可以輕鬆入內

雞肉和高湯的鮮味十足！

鳥なんばんうどん 1050日圓

入口就感受得到高湯和雞肉的深度美味

咖哩烏龍麵是賣完就吃不到的名作

特カレーうどん　1000日圓

高湯和牛肉與油豆腐、青蔥的搭配絕倫

南禪寺周邊

ひのでうどん

日の出うどん

名人和當地人都經常光顧的咖哩烏龍麵名店。由香料開始製作的獨門咖哩醬是味道的關鍵，可以選擇麵（蕎麥麵、中華麵）和辣度也讓人開心。

☎075-751-9251 住京都市左京区南禅寺北ノ坊町36 ⌚11時～15時30分 休週日(7、8、12月為不定休)第1、3週一 交市巴士南禅寺、永観堂道步行5分 P3輛 MAP附錄P16C3

店前都聞得到誘人食慾的香料香氣

味道濃稠的老字號京都拉麵

京都拉麵的元祖「ますたに」，提供的是放了大量豬背豬油的雞骨高湯醬油口味豬背豬油系統，獲得當地人和觀光客的堅定支持。☎075-781-5762 MAP附錄P16B1

親子丼　750日圓

把生雞蛋弄散的同時享用膨鬆滑嫩的口感！

優質的雞肉與雞蛋的奢華口味

祇園
とりしん
とり新

此店為只提供午餐親子丼的餐廳，由老字號雞肉料理店「鳥新」店主親自操刀。就請享用使用精選雞胸肉和腿肉，以及2.5個雞蛋做的豪華親子丼吧。

☎075-541-4857 住京都市東山区祇園縄手四条上ル ⏰12～14時、18～22時 休週四 交京阪祇園四条站步行3分 P無 MAP附錄P11B1

附設在以雞肉鍋老店聞名的「鳥新」店內

上面鋪有京都式高湯蛋卷的著名鰻魚飯

きんし丼　2100日圓～

抹有醬汁的鰻魚和雞蛋是最佳搭檔！

河原町
きょうごくかねよ
京極かねよ

有着百年以上歷史的鰻魚專門店。在師傅燒烤出外表焦香裡面肉質軟嫩的蒲燒鰻上，還鋪有高湯蛋卷的きんし丼，是只能在此店吃到的絕美好味道。

☎075-221-0669 住京都市中京区六角通新京極東入ル松ヶ枝町456 ⏰11時30分～21時 休無休 交市巴士河原町三条站牌即到 P無 MAP附錄P12D2

古老懷舊的大正浪漫建築也極有名

輕鬆衣著享用著名料亭的美味

鯛の胡麻味噌丼　1620日圓

最後加入高湯做成茶泡飯也美味

京都站周邊
はしたて
はしたて

由京都的老字號料亭開設的餐廳，可以吃到使用季節食材做成丼飯和細麵，夜晚還有火鍋。此店可供外帶，可以在新幹線或旅途上享用。

☎075-343-4440 住京都市下京区烏丸通塩小路下ル東塩小路町スバコ・ジェイアール京都伊勢丹3F ⏰11～22時 休不定休 交JR京都站直達 P1250輛（京都車站大樓停車場） MAP附錄P5C3

寬敞的店內可以放鬆享用

豆腐店創作的健康丼

北野天滿宮周邊
とようけちゃや
とようけ茶屋

北野天滿宮對面的老字號豆腐店。2、3樓的茶屋裡，除了可以吃到湯豆腐和寄豆腐等的豆腐料理之外，還有使用生豆皮和生麩製作的健康料理和甜點。

☎075-462-3662 住京都市上京区今出川通御前西入ル ⏰11～15時 休週四（逢25日則營業）、每月1次不定休 交市巴士北野天滿宮站牌即到 P無 MAP附錄P17C2

生ゆば丼　890日圓

薑和鴨兒芹的優雅風味極受女性歡迎

雕刻有幽默風神雷神模樣的招牌

享用熟菜
京都的家庭菜色

就因為是"家常的菜色"，才能不受拘束放心享用的熟菜。
由當地人普遍喜愛的菜色，到該店自行創作的菜色多元多樣。

熟菜是什麼？
就是京都的家庭裡日常性食用的菜色。日文以有「經常性地」含意的「番」構成「お番菜」來表示。蔬菜和魚是以最容易入手的當令時材為原則。

四条烏丸
おかずや いしかわ
お数家 いしかわ

巷弄裡的行家餐廳令人心情平和

將長屋改裝而成，位於巷弄裡的時尚氛圍餐廳。使用當地食材和當令蔬菜的熟菜，有著家常菜的溫和滋味。最後則是使用初生雞蛋的鮮美生雞蛋拌飯530日圓。

☎075-344-3440 住京都市下京區高倉通四条下ル高材木町221-2 時17時30分～23時LO（週日、假日～22時LO）休不定休 交地下鐵四条站步行6分 P無 MAP附錄P13B4

連櫃台上的熟菜算進去，菜色超過了90種

綠苦瓜和玉米的清爽涼拌 480日圓

柳葉魚的南蠻清 570日圓

料理memo
菜色都使用當令的當地蔬菜。有著回到家吃飯一般讓人放心的家庭滋味。

花枝和茄子的精力快炒 580日圓

蕪菁的土佐煮 450日圓

辣煮蒟蒻球 450日圓

茄子的荷蘭煮 400日圓

四条烏丸
しみずしょうてん
清水商店

活用新鮮食材天天換菜色

改建自100年歷史町家建築的店內，每晚都滿了下班後來消費的客人。熟菜使用的是由錦市場進貨的鮮魚，以及店長特別挑選的蔬菜。常備有固定6種和天天更換的2～3種，而且價格平實都低於500日圓。

☎075-211-6525 住京都市中京區錦小路通新町東入ル天神山町270 時17～23時 休週日、假日 交地下鐵四条站步行4分 P無 MAP附錄P13A3

櫃台座上和店主人聊聊天也很愉快

料理memo
光是準備就需花上3～4小時等，費時費工的菜色看似家常家裡卻做不來。

堅持使用蔬菜
做出創作熟菜

位於錦市場青果店かね松2樓的餐廳，店名也叫「やお屋の二かい（蔬菜店二樓）」。可以點用「長壽午餐」2200日圓，盡情享用使用京都蔬菜做的各種熟菜。☎075-221-0089 **MAP** 附錄P13C3

四条烏丸

むかでや

百足屋

懷石式調理的高雅風味

提供使用懷石料理要素的 "熟菜懷石"。每道菜都大量使用當令的京都蔬菜，特色是高雅的風味和盛盤。在有著古都氛圍的京町家裡，享用古老廚房裡的大灶烹出的著名黑豆菜飯米糕。

☎075-256-7039 **住** 京都市中京区新町通錦小路上ル百足屋町380 **時** 11～14時、17～21時 **休** 週三 **交** 地下鐵四条站步行5分 **P** 無 **MAP** 附錄P13A3

「青海の間」留有明治中期京町家的風貌

料理memo
以帶出食材原味的講究調理方式，做出像是懷石料理般具有高級感的風味。

黑豆糯米飯

椀物

3色生魚片

※菜色都是午餐的百足屋弁当3240日圓的內容。菜色隨著季節變換

料理memo
考慮到需要下酒的調味方式。區別使用日西中式的調理方法，魚和肉的份量也夠。

紅燒雞心
佐鹽蔥汁
550日圓

蘿蔔泥紅燒
雞肉丸和春季蔬菜
550日圓

炒悶松阪豬和
萬願寺青辣椒
550日圓

河原町

すみか ほんてん

樓家 本店

配酒享用多樣的當令菜色

由先斗町搬遷到四条河原町，並重新裝潢開幕。使用契作農戶供應的四季京都蔬菜調理的熟菜常備有8種，以550～650日圓提供。櫃台座之外，還有可以休憩的沙發座和日式暖桌座位和半包廂等。

☎075-212-2102 **住** 京都市中京区紙屋町370-1-14 **時** 18時～24時30分LO **休** 無休 **交** 阪急河原町站步行3分 **P** 無 **MAP** 附錄P12E3

也備有豐富的燒酎，有著酒吧感覺的高雅氛圍

📖 熟菜由擺放在櫃台的盤盆中自行挑選。坐櫃台座時還可以請教材料和調理方法。

各種京都食材的協調合作！
該店聞名的極品日式聖代

京都有許多使用抹茶和黃豆粉、黑糖漿等日本食材做的甜點。
我們到處試吃了些甜點，而且精選出了人氣店的最推薦聖代。

好好享用自製
黃豆粉冰淇淋
きななハボン
1100日圓
3種黃豆粉冰淇淋和
小湯圓等堆疊而成

祇園
さりょうつじりほんてん
茶寮都路里本店

由宇治茶老店「祇園辻利」經營
的甜點店，經常可見為了買聖代
的長長人龍。可以吃到奶油和抹
茶等不同食材搭配的不同抹茶。
☎075-561-2257 ⊕京都市東山区祇
園町南側573-3祇園辻利本店2、3F
🕐10～21時LO(週六日、假日為20時
30分LO) 休無休 🚌市巴士祇園站牌
步行3分 🅿無 MAP附錄P11C2

2011年4月改
裝的舒適店內

人氣超高的
王道日式聖代

特選都路里聖代
1296日圓
7種抹茶混合食材
濃縮在一杯裡

きなこクッキー
432日圓
調進丹波黑大豆粉
的質樸風味

京飴屋秘傳的黑糖漿
大活躍！

祇園
ぎおんきなな
祇園きなな

使用丹波黑大豆為基豆做成的黃豆粉和嚴
選食材做黃豆粉冰淇淋的專門店。在町
家改裝的店內，悠閒地享用冰淇淋和聖代
等的黃豆粉甜點。
☎075-525-8300 ⊕
京都市東山区祇園町
南側570-119 🕐11
時～18時30分LO 休
不定休 🚌市巴士祇園
站牌步行7分 🅿無
MAP附錄P11C3

質樸的町家2樓，是喫茶
用的桌席

黑糖戚風聖代
1080日圓
黑糖漿戚風聖代和濃茶
冰淇淋最對味

祇園
かでんきょうあめ ぎおんこいし
家傳京飴 祇園小石

販售以傳統直火方式製作、很有
京都感覺的高雅甜味硬糖。在附
設的茶房裡，可以吃到使用沖繩
產黑糖製作的"秘傳的黑糖漿"
等自製甜點。
☎075-531-0331 ⊕京都市東山区祇
園町北側286-2 🕐10時30分～18時
LO(有季節性變動) 休無休 🚌市巴士
祇園站牌即到 🅿無 MAP附錄P10D2

祇園的妓藝
舞妓經常光
顧的甜點店

伊右衛門サロン京都 的每月聖代

用時尚的咖啡廳方式提供日本茶的「伊右衛門サロン京都」（☞P116）。將季節的美味加上日本茶的季節IYEMON聖代961日圓，以每月更換的方式登場。☎075-222-1500 **MAP**附錄P13A2

來自和菓子的高雅優質美味

黑糖漿黃豆粉聖代
972日圓
濃郁的黑糖漿和黃豆粉泥都美味

四条烏丸
わかふぇ いおり
和カフェ イオリ

以銘菓銅鑼燒聞名的京菓子老店「笹屋伊織」設計營運。可以吃到使用抹茶、黃豆粉和黑糖漿等最高級和菓子食材製作的甜點和午餐等多元多樣的內容。

☎075-241-7252（直通）**住**京都市下京区四条高倉西入ル立売西町79大丸京都店地下1F **時**10～20時 **休**不定休 **交**地下鐵四条站步行2分 **P**約1000輛 **MAP**附錄P13B3

位於大丸京都店地下的時尚空間

使用嚴選食材的各式食品

河原町
わかふぇ きのね
和カフェ 季の音

日本茶和日式聖代、日本花色的杯墊等，徹底追求京都風味的咖啡廳。可以到此店享用季節美味，同時度過幸福的時光。

☎075-213-2288 **住**京都市中京区河原町通四条上ル米屋町384くらもとビル4樓 **時**11時30分～19時 **休**週二 **交**阪急河原町站即到 **P**無 **MAP**附錄P12E3

豆漿布丁聖代
1050日圓
入口即化的布丁和爆米花脆脆口感的協調

地理位置絕佳卻有著沉穩氛圍的店

抹茶聖代的先驅

三条
きょうはやしや
京はやしや

創業超過260年的日本茶老店。據傳元祖就是此店的抹茶聖代，使用了加入嚴選宇治抹茶的果凍和冰淇淋等，是抹茶大匯集，只需800多日圓的低價也令人歡喜。餐點種類也多。

☎075-231-3198 **住**京都市中京区三条通河原町東入ル中島町105タカセビル6F **時**11時30分～21時30分 **休**無休 **交**京阪三条站步行3分 **P**無 **MAP**附錄P12E2

許多客人來享用抹茶相關餐點

抹茶聖代
875日圓
加了大量綿柔的抹茶冰淇淋

大受男女老幼喜愛的京都食材聖代

下鴨
いせはん
いせはん

提供完全沒有添加物的手工甜點、有著沉穩氛圍的茶房。使用完全自製的抹茶冰淇淋、抹茶果凍、紅豆餡等食材的聖代，受到男女老少不分年齡的喜愛。

☎075-231-5422 **住**京都市上京区河原町通今出川上ル青龍町242 **時**11～18時 **休**週二 **交**市巴士河原町今出川站牌步行3分 **P**無 **MAP**附錄P6D1

距鴨川和下鴨神社不遠，最適合旅遊時的小憩

抹茶聖代
850日圓
上面放了有著高雅味道的豆漿霜冰淇淋

📖 茶寮都路里本店在下午3時左右到傍晚的排隊人潮最多。不想排隊的人可以安排上午的時間到訪。

京都的咖啡廳 ● 該店聞名的極品日式聖代

以那家店那個味道為目標
絕對感動的京都甜點

既然來到了京都，就不能不吃到傳說中的極品日本甜點。
讓眾多人們心想，不愧是京都！的甜點店，就抱著必排隊的心情去吧。

✤ 琥珀流し 660日圓
（4～12月）
每月替換、淋上白糖
漿的優質寒天，後味
十分清爽

✤ 抹茶舒芙蕾 785日圓
使用了丸久小山園（☞
P73）宇治抹茶醬和鮮
奶油拌在一起享用

四条烏丸
だいごくでんほんぽろっかくみせ せいえん
大極殿本舖六角店 栖園

在老店品嘗正統手工京菓子

明治18年（1885）創業的京
菓子老店。在有著140年歷
史的京町家裡品嘗的琥珀流
し，可以吃到春季的櫻蜜、
秋季的栗蜜等每月更換的口
味。也應好好地感受四季更
替的空間。

☎075-221-3311 █京都市中京
區六角通高倉東入堀之上町120
🕐10～17時LO █週三（逢假日則
營業）🚇地下鐵四条站步行7分
Ｐ無 █MAP附錄P13C2

1 使用町家建築營造出古都氛圍的店舖 2 可以注意看看配合季節掛出
不同布簾的花色

岡崎
ろくせいさてい
六盛茶庭

鬆軟口感的舒芙蕾加上大量抹茶醬

京都料理老店「六盛」設計
營運的京都第一家舒芙蕾專
門店。常備有6種，加上每月
更換的3～4種舒芙蕾。客人
點用後才開始烘烤，因此都
可以吃到膨鬆的剛出爐美
味。

☎075-751-2866 █京都市左京
區岡崎西天王町60 🕐11時30
分～18時LO █週一（逢假日則翌
日）🚇市巴士東山二条、岡崎公園
口站牌步行4分 Ｐ無 █MAP附錄
P16A3

1 休憩的時光流逝，日本風味的空間 2 到自然遍布的岡崎遊覽時的小
憩地點

在京都站內享用老店和菓子和銘茶的調和

「ギャラリーカフェ京都茶寮」裡，可以吃到5家老店（老松、塩芳軒、千本玉壽軒、笹屋伊織、二條若狹屋）的和菓子1道與丸久小山園（☞P73）的茶套組。1029日圓～。☎ 075-342-2170 **MAP** 附錄P5C3

✤
德屋的本わらびもち 1200日圓
揉入優質和三盆糖的蕨餅，使用的是南九州產正蕨粉

✤
餡蜜 756日圓
可以由黑糖漿、白糖漿、和三盆糖漿裡自選喜歡的糖漿使用

祇園
ぎおんとくや

ぎおん德屋

花見小路上的甜點時間。小小優雅的時光

位於花街祇園歌舞練場附近的甜點店。以入口即化卻又有彈性口感，與堅持使用優質食材揉成的正蕨餅聞名。之所以將剛做好的熱騰騰蕨餅和冰塊盛在一起，就為了讓客人享用到最美味的一瞬間。

☎075-561-5554 **住**京都市東山区祇園町南側570-127 **時**12～18時 **休**不定休 **交**京阪祇園四条站步行5分 **P**無 **MAP** 附錄P11C3

1新而具有清潔感的店內，裝飾了許多舞妓的團扇 **2**舞妓也會光顧的店面，在穿過石板路後的祇園花街上

西陣
さろん たわらや

茶ろん たわらや

品嘗老店「俵屋吉富」的真髓、季節的甜點

京菓子老店俵屋吉富裡附設的沙龍。在氛圍沉穩的店內，有著大片寒天上放著白色和抹茶小湯圓的有趣餡蜜，此外還吃得到蜜豆648日圓和附生菓子的抹茶套組756日圓。

☎075-411-0114 **住**京都市上京区寺之内通小川西入ル宝鏡院東町592 **時**10～17時 **休**週二 **交**市巴士堀川寺ノ内站牌步行3分 **P**1輛 **MAP** 附錄P9B4

1只有8張桌子的小巧店內 **2**位於以三千家聞名的茶道聖地寺之内

富有個性和種類的京都日本甜點。有著因為和宮中與茶道淵源深厚的地方才吃得到的美味。

可以像是假寐般地度過
古老美好時代的懷古咖啡廳

昭和初期直至現代，一直是許多人摯愛的復古咖啡廳。
讓自己置身於可以忘卻日常煩擾的夢空間裡，悠閒地享受一天的小休止。

1 日本的西畫家東鄉青兒的繪畫、木雕吸引了年輕的心 2 店內當然招牌也是東鄉青兒的圖 3 四處都有葡萄圖樣的裝飾。窗邊玻璃上的葡萄閃閃發光

河原町

きっさそわれ
喫茶ソワレ

最適合寧靜的對話
微藍的藝術性空間

昭和23年（1948）創業。就像是法文的店名含意－黃昏、舞會一般，夢幻藍色燈光下的空間，就像是明月映照一般。裝飾在牆壁上的東鄉青兒美人畫，以及到處擺飾的裝飾性很強的木雕畫，都十分具有可看性。

☎075-221-0351 🏠京都市下京区西木屋町通四条上ル🕐13時左右～21時30分LO 休週一 P無 🚃阪急河原町站即到 MAP附錄P12E3

店前方有摯愛此店的歌人吉井勇的歌碑

蘇打水加入5色果凍的ゼリーポンチ650日圓

去懷舊可愛的
少女咖啡殿堂
消費一下吧

一打開有著飛在空中的鳥兒和雲、花朵等裝飾的玻璃門，那裡就是像店主一般，希望能夠可愛地增加年歲下去的少女們休憩的地方－喫茶「靜香」。☎075-461-5323 **MAP**附錄P7A1

河原町
ふらんそあきっさしつ
フランソア喫茶室

像是美術館一般的西式建築咖啡廳

昭和9年（1934）的創業當時，是藝術家和文藝青年匯集清談的咖啡廳。店內有著許多高雅的備品和裝飾著夏卡爾等的名畫。坐在天鵝絨的椅子上，度過屬於自己的美好時光吧。

☎075-351-4042 住京都市下京区西木屋町通四条下ル船頭町184 ⏰10～23時 休無休 P無 交阪急河原町站即到 **MAP**附錄P12E4

1窗頂的天花板令人印象深刻的義大利巴洛克式建築。創業至今超過70年，仍有著特別的高雅氛圍 2生起司蛋糕和咖啡的套組980日圓 3創業當時文化人匯集的沙龍

1俄羅斯傳統的茶具等，充滿高級感的骨董擺飾品和內裝的店內 2頂上放的櫻桃有著少女情懷的慕司蛋糕600日圓（搭配飲料400日圓） 3位於由河原町通進入的狹窄巷弄裡

河原町
つきじ
築地

位於門外的古典世界

位於鬧區巷弄裡的復古咖啡廳。聽著流逝在耳際的輕柔古典音樂，喝著綿密奶香的維也納咖啡600日圓，就像是時光倒流到中古歐洲的氛圍。

☎075-221-1053 住京都市中京区河原町四条上ル東入ル ⏰11時～21時30分 休無休 P無 交阪急河原町站步行2分 **MAP**附錄P12E3

市役所前
すまーとこーひーてん
スマート珈琲店

美空雲雀也去過的元祖西式咖啡廳

昭和7年（1932）開業時是洋食店，文化人和名人前來消費的熱鬧感覺，還存留在店內外。使用苦味和酸味十分協調的自家烘焙咖啡豆的綜合咖啡450日圓，有著創業以來未曾改變的美味。

☎075-231-6547 住京都市中京区寺町通三条上ル ⏰8～19時 休無休 P無 交地下鐵京都市役所站步行3分 **MAP**附錄P12D1

1在傲瑞士小木屋感覺的店內，有著亮褐色澤德國製鐘擺的掛鐘刻劃著時間 2昭和的大歌星美空雲雀最愛的鬆餅600日圓 3窗子的那一側就是沉穩舒適的氛圍

 昭和初期，來店的客人多是學生。京都所以能擁有咖啡文化的原因之一，就是因為有許多學生的緣故。

115

早上才有的享受
當地人好評的美味早餐

悠閒地在咖啡廳、舒暢地吃和食，你要享受什麼樣的早餐時光？
早起的京都裡，可以享用早餐的餐廳種類也是多元多樣。

京の朝食 1230日圓
以特製洋火腿和鬆軟炒蛋聞名，
還附了麵包，份量十足

市役所前
進々堂 御池店
しんしんどう おいけてん

享用剛出爐的麵包和
咖啡的清爽早餐

面對御池通，店內以白色為基調，
寬敞而具有開放感。可以吃到附近
工廠的剛出爐麵包，和多種飲料的
多樣咖啡廳早餐。

☎075-213-3033 🏠京都市中京区御池
通柳馬場東入ル ⏰7時30分～19時30分
LO(早餐～11時) 🈳無休 🚇地下鐵烏丸
御池站步行2分 🅿無 MAP 附錄P13C1

1 有陽光射入的舒適店內，不自覺就會待
上很久 2 面對著大馬路，像是開放式露台
般的店門前

西式炒蛋套餐
600日圓
附自選飲料、抹上低鹽奶油土
司的鹹餐

INODA COFFEE本店
いのだこーひほんてん

一大早就在京都具代表性的
老字號咖啡廳幫元氣充電！

昭和15年（1940）創業，是極受
當地人喜愛的老字號咖啡廳。在
像是高級大飯店般的空間裡，和
美好的待客態度下享用的早餐，
就是美好一日的開始。

☎075-221-0507 🏠京都市中京区堺町
通三条下ル道祐町140 ⏰7時～19時30
分LO(早餐は11時LO) 🈳無休 🚇地下
鐵烏丸御池站步行5分 🅿無 MAP 附錄
P13C2

IYEMONの朝ご飯 1026日圓
可以吃得到以大鍋煮會津繼承米
「氏郷」的美味米飯
※此早餐為10時30分LO

三条烏丸
伊右衛門サロン 京都
いえもんさろん きょうと

細心沖出的日本茶和
熱騰騰美味的早餐

在具現代感的寬敞店內還設有可以
自由閱讀的圖書室，可以悠閒度
過。IYEMON的早餐之外，還有雞
蛋拌飯615日圓等值得一嘗的美
味。就來品嘗一下日本特有的早餐
和美味的日本茶吧。

☎075-222-1500 🏠京都市中京区三条
通烏丸西入ル御倉町80 ⏰8～23時LO
(早餐は11時LO) 🈳不定休 🚇地下鐵烏
丸御池站步行2分 🅿無 MAP 附錄
P13A2

1 現代感的內裝也值得一賞，又有高天花
板的寬敞店內 2 天氣晴朗時可以到前面的
露台座悠閒享用

1 店內有著高雅而沉穩氛圍的空間 2 全部
是褐色，有著古典氛圍的店面，讓人連想
到咖啡豆

利用京都站的福音 有提供大飯店 做的咖哩

京都站地下剪票口前的「メイフェア京都ステーション」，是由京都威斯汀都酒店營運的咖啡廳。飯店特製的牛肉咖哩飯套餐1100日圓，也是極受歡迎的早餐菜色。☎075-344-0031 **MAP**附錄P5C3

きょうとぶらいとんほてる きょうかいせき ほたる

京都ブライトンホテル 京懷石 螢

望著美麗中庭 享用講究的粥品

著名的早餐「あさげ‧朝粥」，由使用高雅無雜味高湯的高湯蛋卷和綜合燉菜，以及肥美的鮭魚和精選梅干構成。可以觀賞著中庭風光，享受早上的奢華時光。

☎075-441-4344 **住**京都市上京区新町通中立売(御所西) **時**7時～9時30分LO、11時30分～14時30分、17時30分～21時 **休**無休 **交**地下鐵今出川站步行10分(提供御池烏丸站的接送巴士) **P**103輛 **MAP**附錄P7C2

1 可以欣賞著有京都特色的中庭悠閒度過的配色沉穩的店內 **2** 位於BRIGHTON kyoto的1樓

あさげ‧朝粥 2970日圓
淋上葛芡享用的粥和人氣的高湯蛋卷等

早餐套餐650日圓
淋在沙拉上的自製沙拉醬，有著十分溫和的好味道

下鴨
こーひー はうす まき

COFFEE HOUSE maki

創業45年的咖啡專門店 用麵包做成餐盤的餐點

將厚厚的鬆軟土司挖空，裡面鋪上滿滿的里肌火腿和水煮蛋等沙拉。就搭配著自家烘焙的綜合咖啡享用吧。

☎075-222-2460 **住**京都市上京区河原町今出川上ル青龍町211 **時**8時30分～19時(早餐為12時LO) **休**無休 **交**京阪出町柳站步行5分 **P**4輛 **MAP**附錄P6D1

1 看得到鴨川的店內具開放感，時間舒緩地流逝 **2** 河原町通旁的店面，走過旁邊還聞得到咖啡的香味

西陣
かふぇ らいんべっく

Cafe Rhinebeck

入口即化的口感帶來幸福 町家建築的鬆餅專門店

由京都的人氣蛋糕店松之助設計營運。收單後才烤成的鬆餅，鬆鬆軟軟而入口即化。

☎075-451-1208 **住**京都市上京区大宮通中立売上ル石薬師町692 **時**8時～17時30分LO **休**週二(逢假日則營業，週三休) **交**市巴士今出川大宮站牌步行3分 **P**無 **MAP**附錄P7B1

1 由町家改裝而成的沉穩店內 **2** 由晴明神社步行5分

酸奶油&黑醋栗鬆餅880日圓
溫和的甜味和酸味形成了絕妙的組合

在瓢亭（別館）享用極品早餐粥

多金老板們喜愛的老店早餐

老字號料亭「瓢亭」的早餐粥4500日圓，據說是在明治初期，應在花街遊玩到清晨的多金老板們的要求而開始販售的。邊吹涼邊吃之下，一粒粒的米飯都美味，再加上風味高雅的醬油醬汁後，鮮甜風味更加顯著，令人不禁想多嚼幾次。可以度過風雅的早晨時光。

點菜後約20分鐘，粥就上桌了。這是在熱水裡加入白米，邊攪動邊炊煮而成的粥；特徵是在「我們希望即使不配菜一樣能夠美味入口」的店家思維下附有醬汁。12月1日～3月15日可以吃到鵪鶉蛋粥4500日圓

——— 享受和煦的京都晨間時光 ———

岡崎
ひょうてい
べっかん
瓢亭（別館）

約400年前創業，是京都具有代表性的懷石料理餐廳，深受文人墨客的喜愛。別館裡可以用平實的價格，享用到和本館一樣的早餐。看著風雅的庭園，在可以放鬆的桌座享用也令人歡喜。

☎075-771-4116 住京都市左京区南禅寺草川町35 ⏰8～11時、12～16時 休週四 🚇地下鐵蹴上站步行5分 🅿6輛
MAP附錄P16B4

店員帶客人前往瓢亭別館。染著瓢（葫蘆）的布簾，也能感受到高雅風格

喝著加有昆布的熱梅汁等候。梅醋的風味和適度的酸味，讓食欲也清醒過來

附著名瓢亭蛋的八寸和三重盤，可以吃到當令的美味。稍後會送上清湯

濃縮了古都魅力的
絕佳伴手禮大探索

美麗繽紛而可愛的日本雜貨，
有著京都香氣的商品和美妝品，
拿來當成伴手禮一定是送者實惠收者滿意的。
此外，京都的和菓子歷史悠久而外觀美麗，
味道也是高水準的。是最佳的伴手禮。

感受得到傳統×時尚
平常使用的和風小物

使用了古老的技術，時尚地復活的和小物。
由多種的花色裡挑出自己喜愛的1件，也是一種樂趣。

足袋下
540日圓 5

疊層、
口金化妝包（中）
各2808日圓
時尚日本花紋和古典調的
金屬扣很顯眼 1

紗質手巾式圍巾
各3456日圓〜
混搭自由自在，適合每個
季節 2

托特包
10200日圓
收納能力和愈久愈有味道
都十分吸引人 3

疊層、書套
各1512日圓
不易髒污的書套，拿來
包裝愛讀的書籍 1

紗質包巾
各1944日圓〜
柔軟的布料很適合作為
小物包 2

側背包
各8640日圓
可以長期使用的簡樸而
堅固的帆布製品 3

三条
せいすけえいていえいと
seisuke88 1
以藏身在西陣倉庫裡的明治時代的
帶圖案設計出的工廠品牌，提供許
多講究配色和手感的包包和小物。
☎075-211-7388 住京都市中京區三条
通河原町東入はせ川ビル1F ⏰11〜20時
休週一（逢假日則營業）交市巴士河原町
三条站牌即到 P無 MAP附錄P12E2

三条烏丸
らーくほんてん
RAAK 本店 2
由400年歷史棉布商開創的手巾品
牌。除了傳統花色之外，還有絲帶
以及芭蕾舞者概念的系列。
☎075-222-8870 住京都市中京區室町
通姉小路下ル役者町358 ⏰11〜19時
休無休 交地下鐵烏丸御池站步行3分 P
無 MAP附錄P13A1

紙園
いちざわしんざぶろうはんぷ
一澤信三郎帆布 3
1件1件手工做成的帆布包包，十分
質樸卻很有味道而可愛，十分受歡
迎。只能在京都的這家店買到，也
是人氣的秘密。
☎075-541-0436 住京都市東山區東大
路通古門前北 ⏰9〜18時 休週二（部分
季節無休）交市巴士知恩院前站牌向北
步行2分 P無 MAP附錄P10D1

口金包（小）
各2700日圓 **2**

訂製組紐

京都組紐是佛具和茶道具裡不可或缺的
要素。文政9年（1826）創業的「伊藤組
紐店」裡，可以挑選自己喜歡的絹繩顏
色，訂製手機吊飾3360日圓～等品項。
☎075-221-1320 **MAP** 附錄P12D2

祝儀袋（小）3張入525日
明信片 各137日圓 **4**
能夠傳達心情的
美麗設計 **4**

足袋下
1雙 525日圓
多元的花色讓外出
更加愉快 **5**

紋樣文庫
各1512日圓
文庫本大小的筆記本。復古的
型染紙非常有時尚感 **6**

小手帳
各378日圓
可愛的火柴盒大小
筆記本 **4**

貼付つっかけ足袋（夾趾室內鞋）
7097日圓
貼付地下足袋（夾趾外出鞋）
84247日圓
十分貼腳舒適，穿過1次就再也
不想穿別的鞋子！ **5**

義大利麵袋 1728日圓
環保筆 各324日圓
讓日常生活充滿了溫馨的
感覺 **6**

紙園
うらぐ
裏具 **4**

店名來自於表示高興的「嬉ぐ」一
詞。販售具有溫馨感覺的原創文
具，讓人與人之間的心情能夠契
合。

☎075-551-1357 **住**京都市東山区宮川
筋4-297 **時**12～18時 **休**週一（逢假日則
翌日）**交**京阪祇園四条站步行5分 **P**無
MAP附錄P11B4

河原町
そう・そう たび
SOU·SOU 足袋 **5**

提供種類多元、品項豐富使用原創
布料的日本產外出足袋和足袋外形
的襪子等商品。

☎075-212-8005 **住**京都市中京区新京
極通四条上ル二筋目東入ル二軒目P-91ビ
ル1F **時**11～20時 **休**無休 **交**阪急河原町
站步行5分 **P**無 **MAP**附錄P12D3

河原町
すずきしょうふうどう
鈴木松風堂 **6**

販售友禪技法下型染和紙等紙雜貨
的店鋪。可以讓女性更富吸引力的
文具之外，廚房用品也應該注意。

☎075-231-5003 **住**京都市中京区柳馬
場通六角下ル井筒屋町409-410 **時**10～
19時 **休**無休 **交**地下鐵四条站步行10分
P無 **MAP**附錄P13C2

運用歷史悠久傳統產業技術做成現代風格的和小物，近年來被認為是有品位的伴手禮而大受歡迎。

以療癒美妝品和
香氛營造出京都美

早在京城的時代，就一直是重視服裝打扮女性最大助力的化妝品和香氛。
就去京都品牌的美妝品和老字號香店去找找你的最愛吧。

黃楊木千鳥紋梳子（繡紗包裝）/
香る椿/山茶花油小瓶※

1個 4320日圓/60㎖ 3564日圓/100㎖ 1728日圓
使用100%純淨的精油
護髮護頭皮

吸油面紙/
麻布包（茜色 蒲公英色 天空色）

1本20張356日圓/各572日圓
吸油力超強，卻有著柔軟的肌
膚觸感。專用麻布包人氣也高

紅豆皂/按摩&
卸妝油/舞妓皂

1個1944日圓/120㎖ 3456日圓/1個1728日圓
紅豆粉吸收髒污，
黑砂糖補充營養

抹茶、茶花&茶花護唇膏/
香氣茶花洗面皂

各1個1296日圓/120㎖ 2484日圓
飽滿豐潤的雙唇和
肌膚Q彈的好東西

まゆごもり
（淋浴乳/洗髮精/潤髮乳）

300㎖ 1080日圓/300㎖ 1512日圓/
250g 1512日圓
實際感受天然蠶繭的保濕成
分絲膠的效果

Orange Bath & Shower Gel/
舞妓洗髮精、潤髮乳/
愛戀千鳥髮簪

120㎖ 2052日圓/各120㎖ 1296日圓/1瓶3240日圓
完全不含合成添加物
適合敏感肌膚使用

祇園
かづらせいろうほ
かづら清老舖 1 2

用山茶花油讓頭髮和肌膚更健康

創業超過140年的頭飾品和山茶花
油的老字號商店。備有多種使用山
茶花油的護髮&護膚的品項。全部
是天然成分，對肌膚溫和不傷害。

☎075-561-0672 住京都市東山區四條
通祇園花見小路東北角 285 ○9時30分～19時 休
週三 交京阪祇園四條站步行5分 P無
MAP附錄P11C2

祇園
よーじや ぎおんてん
よーじや 祇園店 3 4

人臉商標的著名伴手禮

明治37年（1904）創業的化妝雜
貨品牌。除了著名的吸油面紙之
外，含有天然保濕成分的まゆごも
り系列商品也十分受歡迎。

☎075-541-0177 住京都市東山區祇園
四條花見小路東北角 ○10～20時 休無
休 交京阪祇園四條站步行5分 P無
MAP附錄P11C2

銀閣寺周邊
きょうとちどりや
京都ちどりや 5 6

由NY反向進口的自然派美妝品

創業時是販售供應舞妓和藝妓使用
的小物和化妝品的商店，但現在則
成為使用天然成分的有機美妝品店
家。

☎075-751-6650 住京都市左京區淨土
寺上南田町65-1 ○10～19時 休無 交
市巴士銀閣寺道站牌即到 P無 MAP附
錄P16C2

碾米廠特製的
京小町ぬか達到
美膚的效果

「懷古庵」只使用碾米時會微量出
現的白米糠做出的京小町ぬか1袋
540日圓～，用來洗臉或洗臉後敷
臉，就能讓肌膚光滑而備受好評。
☎075-751-1005 **MAP** 附錄
P6E3

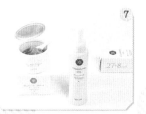

按摩乳液/
卸妝油
120g 7344日圓/150㎖ 3672日圓
使用中日植物精油和鹽讓
肌膚濕潤光滑

香丸
各194日圓
可以享受到優質香木
香氣的圓形香

HANGA香料球/
HANGA室內清新劑
各1個648日圓/各1個756日圓
具有除臭效果的精油芳香
讓全身放鬆

試用套組
1個 1944日圓
可以使用約1週的基礎
化妝品4件組

名片香（石榴・沉香・薔薇）
1盒6片裝 各1080日圓
讓自己喜歡的香氣留
在名片盒或皮夾裡

ほのか・なごみ・しずか錐香
1盒12個裝810日圓
調合數種香而成的兔子系
列薰香

二条城周邊
きょうのゆき
京乃雪 7 8
養護肌膚的中日植物精華
使用將具有美容、保濕效果的紫
蘇、薑黃等27種中日植物，浸在京
都鞍馬的湧水裡萃取出的精華。讓
肌膚飽滿而有彈性。

☎075-256-7676 住京都市中京区二条
通油小路東入ル西大黑町331-1 ⏰10～
18時 休週三 交地下鐵二条城前站步行3
分 P無 **MAP** 附錄P7B3

祇園
おわりや
尾張屋 9 10
復古而可愛的薰香
位於骨董店和古美術店聚集的新門
前通的小小商店。備有古典式的日
本薰香和使用花和香草香氣的各種
薰香。

☎075-561-5027 住京都市東山区新門
前通大和大路東入西之町 ⏰8～19時 休
不定休 交京阪三条站步行7分 **MAP** 附錄P11B1

四条烏丸
こうさいどう
香彩堂 11 12
日西和併的個性派薰香
由京都線香，到室內香料、淋浴油
都有，是集日式西式多樣化商品於
一身的香氛室內雜貨店家。高品位
的外觀也具吸引力。

☎0120-001-801 住京都市下京区烏丸
通仏光寺東入ル上柳町335 1F ⏰9時30
分～18時30分 休不定休 交地下鐵四条
站步行3分 P無 **MAP** 附錄P13B4

日本的美妝產品有著祖先留傳下來的智慧，像是具有保濕作用的米糠和有消炎作用的綠茶，以及能夠護膚的蠶絲等。

希望長長久久地使用
外帶職人美技的美麗日用品

集長久的傳承和淬煉而成的技術與設計於一身的極品。
和生活密不可分的職人美技工具，都是可以陪伴一生的好東西。

積層一層便當盒
小判 各5940日圓
用心做出的時尚外觀

minotake し飯杓褐1944日圓
minotake 杓子小1296日圓
運用竹子原有性質和曲線的設計

炭化積層
2700日圓
任何菜色都可以更加生色的餐具

市役所前
こうちょうさいこすが きょうとほんてん
公長齋小菅 京都本店

新舊日西融合的竹製品

明治31年（1898）創業至今，一貫販售竹製品的老店。除了販售日本人以前就習慣使用的桌巾和花器之外，還有加入時尚品位的包包等的時尚小物等約500件。可以重新發現到多種多樣的竹子魅力。

☎075-221-8687 🏠京都市中京區三条通河原町東入ル中島町74ロイヤルパークホテル ザ 京都1F ⏰10～20時 休無休 🚇地下鐵京都市役所前站步行3分 🅿無 MAP附錄P12E1

四条烏丸
いちはらへいべいしょうてん
市原平兵衛商店

販售著400種筷子的專門店

明和元年（1764）創業至今，持續在背後支持京都料理發展的筷子專門店。使用杉木和竹子等天然材料做成的筷子，共有餐桌用和調理用等約400種，和店員談談就能找到最適合自己的一雙筷子。

☎075-341-3831 🏠京都市下京區堺町通四条下ル ⏰10時～18時30分（週日、假日為11時～18時）休週日不定休 🚇地下鐵四条站步行5分 🅿無 MAP附錄P13C4

平安箸、圓（中）
4104日圓
煤竹京都筷（中）
5400日圓
像是手指延伸般，讓人感受到筷子的使用感

京風箸はかま友禅流し
2484日圓
可以帶著走，又有多樣化選擇的筷袋

精選的老店美技集於一堂

細見美術館的美術館商店「ARTCUBE SHOP」，以獨有的觀點精選出和風極品。和老店合作製作的品項也值得關注。☎075-761-5700 **MAP**附錄P16A3

銅、馬口鐵、黃銅製的三葉草紋茶罐
120g各12600日圓
簡單而美麗的茶罐。用途則視創意而定

京都站周邊
かいかどう
開化堂

歲月累積的深沉色澤

明治8年（1875）創業的手製茶罐店。材料有馬口鐵、銅、黃銅等3種，可以感受到用得愈多變化愈多的色澤。由於氣密性極佳，除了茶葉之外，也是咖啡、紅茶的人氣保存容器。

☎075-351-5788 住京都市下京區河原町六條東入ル ◐9～18時 休週日、假日 交京阪清水五條站步行5分 P1輛 **MAP**附錄P4D2

御所南
つじわかなあみ
辻和金網

細心編織的精緻之美

創業80餘年，平安時代開始代代相傳至今的京都金屬網老店。師傅一孔一孔編織而成的網目，美到令人眩惑。配合使用人的手和用途做成的多種外形和大小的湯豆腐杓之外，還有燒烤網和茶漉等的廚房用品等一應俱全。

☎075-231-7368 住京都市中京區堺町通夷川下ル龜屋町175 ◐9～18時 休週日、假日 交地下鐵丸太町站步行6分 P無 **MAP**附錄P14B3

押花型板（中）6個裝
8964日圓
硬的蔬菜也輕鬆。做菜更添風華的必需品

黃銅竹柄撈杓・穴明
3240日圓
花瓣型鏤空十分高雅的撈杓

河原町
ありつぐ
有次

專家們都愛用的料理工具

歷史可追溯到日本戰國時代的武士刀鍛冶，創業達450年的菜刀店。除了販售約50種有著適當重量和極佳切感的菜刀之外，押花型板1080日圓～和磨泥器2160日圓～等的做菜工具，博得了日本國內外廚師們的青睞。還可以代客刻名。

☎075-221-1091 住京都市中京區錦小路御幸町西入ル ◐9時～17時30分 休無休 交阪急河原町站步行8分 P無 **MAP**附錄P12D3

湯豆腐杓子銅丸大
2268日圓
細致的網目連柔軟的豆腐都不會撈破

附提把手編籠銅×竹中
9720日圓
用來作為水果盤或花籠也十分精美！

可以用一輩子的「職人商品」，用壞了大都還能夠修理，因此可以找販賣的店家詢問。

京都的伴手禮 ● 職人美技的美麗日用品

細致的顏色形狀令人神迷
亮麗的季節和菓子

膨鬆的溫和色澤和形狀，表現出每個當下季節感的京都和菓子。
在心中浮現出當下的情景品嘗之下，就是最甘美的時光了。

 春

3月 胡蝶
378日圓
春季飛舞在原野
的可愛胡蝶們外
形的菓子

夏

6月 若鮎
378日圓
配合古來為眾
人熟悉的香魚
季節登場

4月 水暖
378日圓
表現出池裡魚兒們
開始活躍，水面出
現漣漪的樣子

7月 岩清水
378日圓
表現出流經岩石
間清水的清涼感
和菓子

5月 綠葉
378日圓
練切皮做出新綠
葉子外皮包覆紅
豆餡

8月 夏姿
378日圓
象徵了搖曳生
姿的浴衣袖子

西陣
じゅこう
聚洸

以原創的品位表現四季
個性出眾的藝術和菓子

京菓子老店「塩芳軒」的次子經營的
和菓子店。抽象外形卻一下子就可以
感覺到季節的優美生菓子，不會太甜
的優雅口味十分迷人。

☎075-431-2800 ㊟京都市上京區筋違橋
町548-4（大宮寺之內上ル）⊕10～17時
（需預約）㊡週三、日、假日 ✕市巴士天神
公園前站牌步行3分 ㋐無 ⓂⒶⓅ附錄P9B4

 夏

卷水
350日圓
清爽的綠色引人
目光的道明寺麩

 秋

秋風
350日圓
在紅葉季節登場
的秋色金團

冬

椿
350日圓
柔軟的羽二重糯
米團包覆的美麗
純白山茶花

非～常可愛的
季節生八橋
當伴手禮吧

創業325年的老店「聖護院八ッ橋総本店」推出了全新品牌「nikiniki」。季節生菓子foret2個組500日圓等，新八橋也需特別注意。※期間限定商品需洽詢 ☎ 075-254-8284 **MAP** 附錄P12E3

 秋

9月 月見兔
378日圓
在月圓夜跳躍的可愛小兔子令人心情舒緩

10月 京嵐山
378日圓
注意紅葉的細致顏色變化

11月 京蕪菁
378日圓
圓而飽滿的京蕪菁是無病息災的好彩頭

冬

12月 白梅
378日圓
表現出可愛的可賀意思的新春和菓子

1月 水仙
378日圓
早早就來報告春天來到的英挺花姿

2月 寒椿
378日圓
冬天開花的山茶花也常用在茶道會上

七条
かんしゅんどうほんてん
甘春堂本店

重視傳統的同時也代代傳承了創意工夫

慶應元年（1865）創業，現在是第6代的老店。繼承了社寺訂購的傳統和菓子，同時每代店主對創作和菓子也十分積極。第二代做出的「茶壽器」2160日圓，是碗形的創新菓子。東店還提供和菓子製作體驗（☞P132）。

☎075-561-4019 住京都市東山区川端正面大橋角 時9～18時 休無休 交市巴士七条京阪前站牌步行2分 P5輛 **MAP** 附錄P4D2

西陣
つるやよしのぶ
鶴屋吉信

以有職故實為基礎做出高雅的和菓子

享和3年（1803）創業，以「柚餅」1盒1080日圓等的銘菓揚名全日本的老店。擺放在店頭的四季菓子，和以年中活動為題材的上生菓子，都可以在2樓的茶寮享用。

☎075-441-0105 住京都市上京区今出川通堀川西入ル 時9～18時 休無休 交市巴士堀川今出川站牌步行即到 P15輛 **MAP** 附錄P7B1

 夏

水牡丹
432日圓
以鮮豔的葛包覆紅餡，像是水中花一般

錦繡
432日圓
像是穿滿了西陣織錦感覺的秋天情景

 冬

吉祥椿
432日圓
將新春的喜賀託付紅色的山茶花

📖 京都將價格平實的和菓子店稱為「おまんやさん」。就來嚐嚐柏餅、若鮎、水無月等季節點心吧。

不由得一見鍾情
美麗迷人的京都和菓子

京都是有著味道好又有著美麗外觀的和菓子寶庫。
這節就要介紹送禮自用兩相宜的 "美麗和菓子"

きょう
京ふうせん
28片裝 1080日圓
染成各種顏色、一口大小的烤
麩煎餅。入口後有著輕快甜味
釋出的口感。

ふろうせん
不老泉
1盒各 216日圓
放在版畫家德力富吉郎的
圖案做成的可愛小盒子裡
的小包紅豆湯。千鳥的米
菓也可愛！

おゝきに
おゝきに
49個裝 1150日圓
擺滿了4色各味的寒
天果凍。表面脆而裡
面出乎想像的軟，有
著獨特的口感。

心情舒緩的顏色形狀多元的名物
二条城周邊
にじょうわかさや
二條若狹屋 ㊀

☎075-231-0616 住京都市中京區二条通
小川東入ル東大黑町333-2 ⏰8～18時
（週日、假日～17時） 休無休 Ｐ無 交地
下鐵二條城前站步行5分 MAP 附錄
P7B3 分店A、B、C、D、E

暢銷日本的京都菓子品牌
五条
すえとみ
末富 ㊁

☎075-351-0808 住京都市下京區烏丸
通松原西入ル ⏰9～17時 休週日、假日
Ｐ無 交五条駅巴士站牌步行5分 MAP
附錄P5C1 分店D

傳承祇園祭相關的和菓子
祇園
かしわやみつさだ
柏屋光貞 ㊂

☎075-561-2263 住京都市東山區安井
毘沙門町33-2 ⏰10～18時 休週日、假
日 Ｐ無 交市巴士東山安井站牌即到
MAP 附錄P10D4 分店無

美美和菓子的好友抹茶牛奶來泡一杯吧

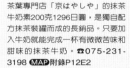
茶葉專門店「京はやしや」的抹茶牛奶素200克1296日圓，是獨自配方抹茶裝罐而成的長銷品。只要加入牛奶就能完成一杯有微微苦味和甜味的抹茶牛奶。☎075-231-3198 MAP 附錄P12E2

ボンボニエール（草莓口味金平糖）
3240日圓
裝入自創陶器盒中，也是很受歡迎的贈禮品。滿口的草莓豐富滋味。

わがしどうふ
和菓子豆腐
1個 411日圓
以和菓子的食材表現出四季各異風物的柔順口感水羊羹。

きょう
京おんな
27個裝1134日圓
以9色砂糖細緻地表現出京都的四季。裡面的餡料有薑、黑糖等不同的風味。

日本唯一的金平糖專門店
出町柳
りょくじゅあんしみず
綠寿庵清水 四
☎075-771-0755 住京都市左京区吉田泉殿町38-2 時10～17時 休週二、第4週二(逢假日則營業) P3輛 交市巴士百萬遍站牌步行2分 MAP 附錄P16A1 分店無

可愛地表現出日本的季節感
北大路
よしのや
吉廼家 五
☎075-441-5561 住京都市北区北大路室町西入ル 時9～18時 休不定休 P無 交京都站搭乘烏丸線13分的北大路站下車，步行3分 MAP 附錄P9C3 分店無

技術和感性出眾的多彩銘菓
知恩院周邊
よしみずえん
吉水園 六
☎075-561-0083 住京都市東山区三条通白川橋東3丁目夷町157 時9～18時 休週一(逢假日則翌日) P無 交地下鐵東山站步行2分 MAP 附錄P16A4 分店A、B、C、D

京都的和菓子大都有很可愛的包裝。吃完後還能拿來裝小東西，很環保。

收到了會很高興！
京都感十足的伴手小禮物

可以在學校或職場上分送給多人的伴手禮。
我們挑出份量不多，卻能感受到京都的優質伴手禮。

花色有寒紅梅、阿拉伯婆婆納、拼布式宮美、菊花紋、圓球型川原等5種
※部分時期可能有變更

1顆糖果的大小約1cm～1.5cm左右，有著和三盆糖的高雅甜味。1袋12顆裝

かめやよしながのたからぽちぶくろ
亀屋吉長の宝ぽち袋
各756日圓

京都的人氣手工紡品品牌〈SOU SOU〉的小袋子裡，裝入各種實物外形和小梅花等象徵日本喜慶形狀的小糖果套組。糖果吃完後的袋子，還可以拿來當成裝飾品和裝卡片等的小物袋使用。

A (地下1F)

使用茶包
輕鬆享用日本茶
小憩片刻

專門販售京都銘茶的老店「一保堂茶舖」，以平實的價格販售可以輕鬆享用道地日本茶的茶包。內含玉露、煎茶、焙茶計12包裝702日圓十分值得購買。**B** (地下1F) ☎075-211-8111（大丸京都店）**MAP** 附錄P13B3

まんげつのあじゃりもち
満月の阿闍梨餅
10個裝 1188日圓

以混合各種食材做成的秘傳麻糬皮，包覆丹波大納言紅豆而成的半生菓子。Q彈的口感和自製紅豆餡十分對味。

A (地下1F) **B** (地下1F)

かわみちやのそばほうる
河道屋的蕎麦ほうる
1袋 324日圓

明治初期一路傳承至今的蕎麥菓子，以爽脆的口感和芳香的風味著稱。圓圓的花瓣外形讓人愛不釋手。

A (地下1F) **B** (地下1F)

しょうごいんやつはしそうほんてんの
かねーる
聖護院八ツ橋総本店的肉桂卷
肉桂、咖啡
15支裝 各464日圓

八橋變身為新口感！將八橋皮攤薄烤過後一張張仔細捲成。不但和日本茶對味，搭配咖啡也美味。

A (地下1F) **B** (地下1F)

かでんきょうあめ ぎおんこいしの
ぎおんこいし
家傳京飴 祇園小石的祇園小石
1袋 378日圓

維持住傳統質樸味道的京飴。可以一次吃到有著滑順口感和光澤的黑飴、宇治飴、紅茶飴等6種口味。

A (地下1F) **B** (地下1F)

にしおやつはしの
あんなまくろごましろごま
西尾八ツ橋的あんなま黒ごま白ごま
10個裝 540日圓

生八橋除了常見的肉桂和抹茶口味之外，還有白芝麻黑芝麻，以及梅子、烤地瓜等多種不同口味。

A (地下1F)

きょうときたやままーるぶらんしゅの
おこいちゃらんぐどしゃちゃのか
京都北山マールブランシュ的濃茶儂格酥茶之菓
10片裝 1360日圓

夾著有濃郁奶味的白巧克力，可以吃到濃茶微苦的儂格酥。

A (地下1F) **B** (地下1F)

這些商品
在這裡
買得到哦

じぇいあーるきょうといせたん
A JR京都伊勢丹
☎075-352-1111 **住**京都市下京区烏丸通塩小路下ル東塩小路町 ●10～20時 **休**不定休 **交**JR京都站直通 **P**125輛（京都車站大樓停車場）**MAP** 附錄P5C3

だいまるきょうとみせ
B 大丸京都店
☎075-211-8111 **住**京都市下京区四条通高倉西入ル立売西町79 ●10～20時 **休**不定休 **交**地下鐵四条站步行2分 **P**780輛 **MAP** 附錄P13B3

甘春堂 東店挑戰製作和菓子

運用手掌做出的甘美藝術品

京都的和菓子，是在茶道等日本的待客文化下孕育出來的。巧妙地表現出四季各異的顏色的形狀，在入口品嘗之前，還有先用眼睛看的美好感受。承襲了這個傳統的技能和感性的甘春堂 東店裡，就來感受一下自己做出季節和菓子的喜悅吧。

讓四季風物變形，是和菓子的慣用技巧。除了專用道具之外，巧妙運用手掌和手指尖端，做出帶有圓潤感覺的柔和風味和菓子。完成品可以試吃&帶走

━━ 和菓子職人們親自指導！━━

看著風情獨具的店面滿是興奮地穿過布簾進去。要提早10分鐘到店哦

提供用在成形的「三角棒」和加工麵皮的「薛子」等道具的說明

職人們的指導之下，注意著力道大小和手指角度等，將餡包進去把形狀調好

七条
かんしゅんどう ひがしみせ
甘春堂 東店

位於豐國神社門前，創業於江戶末期的老字號和菓子店。充滿季節感的高雅上生菓子，吸引了眾多當地客。附設有可以優雅品嘗現做和菓子的茶房。

☎ 075-561-1318 🏠京都市東山区川端正面東入ル ⏰9～18時（茶房為10～17時）🈑無休 🚃京阪七条站步行5分 🅿使用豐國神社停車場 ⦿MAP 附錄P4D2

〈體驗資訊〉 **名額** 80名（最少舉行人數2名） **日時** 每日9時15分～／11時～／13時～／15時～ **費用** 2160日圓（上生菓子3個、干菓子1種） **所需時間** 約1小時15分 **自備品** 無 **預約** 需預約

住宿日式旅館？大飯店好好休息？

尋找最適合自己的住宿處

在著名旅館裡度過奢華享受的時光，或是
在町家旅館享受古都風情的「和」之夜。
在市區的大飯店裡享受私人時間的「洋」之夜。
就按照自己的喜好選擇飯店吧。

住宿俵屋旅館享受
超乎尋常的奢華

京都的俵屋旅館，是一家獲得日本和全世界讚賞的著名旅館。
讓我們一探任何人都會「真想住一晚看看！」的旅館魅力。

外觀

位於麩屋町通
旁，簡單低調的
建築。由入口進
入之後，就會來
到每個季節改變
陳設的玄關

在緩緩流逝的時間裡
希望能一直待下去

客房

比房間低一層的座墊
座，是欣賞美麗庭園
的特等座。這類的安
排在每間客房都有

たわらやりょかん
俵屋旅館

人人都能舒適度過的日本旅館最高峰

江戶中期，將石州濱田（島根縣濱田市）
和服批發商「俵屋」在京都開設的分店一
部分，改裝成接待石州藩士的旅館為起
始。在度過了元治元年（1864）蛤御門之
變燒毀的苦難後，現在由第11代店主佐藤
年女士經營。18間的客房都是由京都的數
寄屋名工們打造的傳統日式客房，但使用

最先進的玻璃提高室內和庭園的整體感，
和座敷隣接的小間裡使用北歐家具等，在
在感受到意識到調和的創意。這種彈性和
高度的美學意識，滲透到了絕妙的待客時
機、表現出季節的各色料理、室內備品和
盥洗用品等每個項目裡，這些項目合在一
起後，就像是施了魔法般地令人從心底就
感到舒暢。

☎075-211-5566 住京都市中京区麩屋町姉小
路上ル ●IN14時／OUT11時 交地下鐵京都市
役所前站步行5分 P4輛 MAP附錄P12D1

1泊2食費用
÷平日、假日前日
43470日圓～
※1房2人住宿時的1人份費用

房內用餐 有美容設施 有禁煙房 有大浴場 有網路 單人住宿OK

精心打造出
舒適入眠的時間

講究的客房
可以隨心所欲放鬆

寢具

將舒適入眠視為待客的一部分，棉被和枕頭等全部是精選材質製作的原創設計

小間

設在座敷旁、讓人放鬆的沉穩空間。吉村順三設計的椅子與和風擺設十分融合

館內的每個角落裡都有著待客的精神

坪庭

石手鉢擺設上季節花草等，館內的公共空間裡一樣擺設完整沒有死角

第一次俵屋旅館的注意事項

了解保證「幸福的時間」待客方式的奧秘

1

各客房的床飾，是對房客表達歡迎之意的特別物品。欣賞畫軸和花草，接受溫暖的待客心情。

2

俵屋旅館的餐點，是正統的京都料理。使用當令食材具藝術性的料理，一道一道以絕妙的時機送出。

3

客房之外的公共空間，像是置有北歐名作家家具的書房「アーネスト スタディ」和休憩室、圖書室等都值得欣賞。

即使不住宿也可以消費

俵屋旅館設計的咖啡廳&雜貨店

市役所前

ゆうけいさろん・ど・て
遊形サロン・ド・テ

有著特別風情的高品位咖啡廳

在由町家建築改裝的時尚空間裡，擺放了許多北歐名作椅子的高雅氛圍。和俵屋完全相同的特製蕨餅限量只有30份，要吃請早。

☎075-212-8883 住京都市中京区姉小路通麩屋町東入ル ⏰11～19時 休週二（4、11月無休）交地下鐵京都市役所前站步行5分 Ｐ無 MAP附錄P12D1

深長的空間裡帶來開放感的坪庭是町家的餘緒。面對坪庭的這個座位人氣最高

著名的蕨餅和煎茶的套組2050日圓

市役所前

ぎゃらりーゆうけい
ギャラリー遊形

帶來豐潤感的俵屋商品大集結

講究材料和設計、使用感覺的俵屋盥洗用品和原創商品，全部可以在這裡買到。優質的香皂和毛巾，是最受歡迎的伴手禮選項。

☎075-257-6880 住京都市中京区姉小路通麩屋町東入ル姉大東町551 ⏰10～19時 休第1、3週二（4、5、10、11月無休）交地下鐵京都市役所前站步行5分 Ｐ無 MAP附錄P12D1

時尚空間的1樓裡，擺設了毛巾、餐具、原創織物等的小物類

臉巾1296日圓有著頂級的膚觸

高雅的香氣人氣很高的香皂6個裝1404日圓

平實的價格也深富魅力
前往早餐美味的附1餐旅館

如果想住在京都，當然希望住在日本風情的旅館享受美味餐點。
以早餐聞名的附1餐旅館價格也會比較低廉。

早餐menu
高湯蛋卷、烤魚、聖護院蘿蔔的柚子味噌淋汁、筑前煮、冷青菜、味噌湯、砂鍋飯

1泊附早餐費用
✣ 平日 8000日圓～
✣ 假日前日 8000日圓～

二条城周辺
おやど ぬのや
小宿 布屋

古老而可愛的京町家
砂鍋飯的早餐值得期待

明治時代興建的町家改裝而成。保留了舊有的通庭、坪庭等，再配以骨董家具。1天只接待2組客人，可以5～8人包租下來。早餐是砂鍋飯搭配使用京都蔬菜的手工美味。

☎075-211-8109 ⓖ京都市上京区油小路通丸太町上ル ⓘIN16時／OUT10時(門限22時) ⓑ市巴士堀川丸太町站牌步行3分 Ⓟ無 ●木造2樓2間 ●2003年7月改裝 ●全室附廁所 ⓂⒶⓅ附錄P7B2

1 季節炊合等京都從以前一直吃到現代的菜餚搭配砂鍋飯 2 通庭的天花板有粗大橫樑和挑高。可注意京町家的傳統創意 3 面對馬路的表間。透過蟲籠窗看得到外面，是明治期町家的特徵

石塀小路
いなかてい
田舍亭

歷史累積出來的沉穩
沉浸在古老美好時代的京都

到上一代都拒絕未經熟人介紹的客人上門，受到電影名星喜愛的旅館。看得到石塀小路建築和坪庭的客房造形各異，原是茶室的別館人氣也高。早餐在客房享用。

☎075-561-3059 ⓖ京都市東山区祇園下河原石塀小路463 ⓘIN17時／OUT10時(門限24時) ⓑ市巴士東山安井站牌步行4分 Ⓟ無 ●木造2樓6間 ●全室無浴室、廁所 ⓂⒶⓅ附錄P15B2 ※不可使用信用卡

1 有140年的歷史。電影等的外景也常用到，富有風情的客房 2 田舍亭的早餐一定有的湯豆腐。京都的家庭風味溫暖人心

1泊附早餐費用
✣ 平日 9180日圓～
✣ 假日前日 10880日圓～
※1間住1人者11880日圓～

早餐menu
烤魚、蘿蔔的煮物、小魚乾炒獅子唐辛子、湯豆腐、白飯、味噌湯

圓山公園

おやどよしみず

お宿吉水

飽覽豐富的大自然
享用有機的早餐

有100歷史的數寄屋造旅館。早餐是在餐廳進餐的自助式，天然酵母麵包和蔬菜湯等，全部是有機食材的菜色。觀賞著庭園的綠意，享受美好的早晨。

☎075-551-3995 住京都市東山区円山公園弁天堂上 ◐IN15時/OUT10時（門限23時）交市巴士祇園站牌步行15分 P2輛 ●木造2樓9間 ●2007年1月改裝 ●部分客房附廁所 MAP附錄P10F2

早餐menu
麵包、咖啡、季節甜點、雞蛋料理、奶油&果醬、蔬菜湯

1 像是家裡餐廳般的咖啡廳，享用精選食材的健康早餐
2 圓山公園最裡面的高地。早上被鳥鳴叫醒的自然圍繞的空間

1泊附早餐費用
✦ 平日 9070日圓～
✦ 假日前日 10150日圓～
※淡旺季價格不同

早餐menu
湯豆腐、烤魚、季節炊合、高湯蛋卷、涼蔬菜、羊栖菜煮物、山椒小魚、黑豆飯、味噌湯

1 費時費工的熟菜。湯豆腐可以搭配黑七味、七味或柚子的榨汁等喜歡的配料享用
2 群樹包圍下的「紅葉之間」。隨處自然擺放著骨董

1泊附早餐費用
✦ 平日 9300日圓～
✦ 假日前日 10300日圓～
※1間住1人者1萬日圓～（限週一～四）

圓山公園

きちゅうあん

其中庵

自然環繞中的世外桃源
早餐有大量的京都蔬菜

位於圓山公園後方，1天接待2組客人的旅館。櫻花之間有14疊大，公園的大自然盡收眼底。在山間的紅葉之間有著風雅氛圍，早餐在另外的房間，1組1組分開享用。

☎075-533-0210 住京都市東山区円山公園內 ◐IN16時/OUT10時（門限23時）交市巴士祇園站牌步行8分 P2輛 ●木造2樓2間 ●1996年3月改裝 ●全部客房無浴池、廁所 MAP附錄P10F2

河原町

はなやりょかん

花屋旅館

欣賞著高瀨川的景色
在舊茶室裡享用風雅早餐

高瀨川旁有100年歷史的日本民宅。客房可以看到高瀨川，春天時更可以看到一大排的櫻花。女將親自做的早餐，就在原是茶室的座敷慢慢享用。

☎075-351-4398 住京都市下京区西木屋町通四条下ル船頭町210 ◐IN16時/OUT10時（門限22時）交市巴士四条河原町站牌步行3分 P無 ●木造3樓5間（3組為限）●全部客房無浴池、廁所 MAP附錄P12E4

1 開了窗就是高瀨川。待著不動就能感受到京都風情的人氣旅館 **2** 使用當地名店，如近喜的豆腐、飛龍頭等，由女將親自做的熟菜

餐費用
✦ 平日 7800日圓～
✦ 假日前日 7800日圓～
※1間住1人者8000日圓～

早餐menu
高湯蛋卷、冷豆腐、飛龍頭煮物、白飯、味噌湯

京都的飯店

本書精選出距離車站近又便於觀光的市區飯店，就請享受舒適的京都住宿吧。

京都站周邊

ホテル近鉄京都駅

近鐵京都站酒店

京都站直通的好位置，功能性佳
近鐵京都站剪票口只需30秒，便利超群。車站上方卻安靜而時尚的客房，大型浴池可以放鬆休憩。寢具使用的是有清潔感的羽毛床罩。
DATA ☎075-692-2111 🏠京都市下京区東塩小路釜殿町1-9 🚇JR京都站即到 🅿無 Ⓨ20600日圓～ ⏰IN15時/OUT11時 ●368室（Ⓣ294、Ⓦ46、其他28）●2011年10月開幕 **MAP**附錄P5C3

京都站周邊

ホテルグランヴィア京都

京都格蘭比亞大酒店

京都站直通。最適合觀光的位置
全客房備有高速網路，以及追求理想睡眠的優質睡床。館內還設有泳池&健身房，以及夜景極美的Sky Lounge等。小小奢華的京都之旅，讓身心都放鬆。
DATA ☎075-344-8888 🏠京都市下京区烏丸通塩小路下ル JR京都站中央口 🚇JR京都站直通 🅿1250輛（京都車站大樓共用停車場）Ⓨ Ⓣ33264日圓～ ⏰IN15時/OUT12時 ●535室（Ⓣ412、他123）**MAP**附錄P5C3

京都站周邊

リーガロイヤルホテル京都

京都麗嘉皇家酒店

優質的服務也是古都的風格
導入了和風味道的優雅造形。雖然在京都站步行範圍之內，但仍有接送服務。京都唯一的回轉展望餐廳和室內溫水泳池都值得期待。
DATA ☎075-361-3333（住宿預約）🏠京都市下京区東堀川通塩小路下ル松明町1 🚇JR京都站步行7分 🅿121輛 Ⓨ17820日圓～ Ⓣ27324日圓～ ⏰IN14時/OUT11時 ●482室（Ⓢ20、Ⓣ377、其他85）●2012年7月局部改裝 **MAP**附錄P5B3

京都站周邊

京都センチュリーホテル

KYOTO CENTURY HOTEL

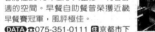

極近京都站的好位置
客房在2013年做了大整修，有著舒適的空間。早餐自助餐曾榮獲近畿早餐冠軍，風評極佳。
DATA ☎075-351-0111 🏠京都市下京区東塩小路町680 🚇JR京都站中央剪票口步行2分 🅿50輛 Ⓨ11880～ Ⓣ29700日圓～ ⏰IN14時/OUT12時 ●222室（Ⓢ12、Ⓣ174、其他37）●2013年3月部分樓層改裝 **MAP**附錄P5C3

京都站周邊

ダイワロイネットホテル京都八条口

Daiwa Roynet Hotel京都八条口

充實的設備提供舒適的住房
備有加濕功能的負離子空氣清淨機、各廠牌手機充電器、長褲燙衣板等充實的設備，床也是加大的尺寸。設有女性專用客房，可以使用女性專案讓旅程更為愉快。
DATA ☎075-693-0055 🏠京都市南区東九条北烏丸町9-2 🚇JR京都站步行4分 🅿24輛 Ⓨ8000日圓～ Ⓣ13500日圓～ ⏰IN14時/OUT11時 ●192室（Ⓢ48、Ⓣ99、其他45）●2010年11月開幕 **MAP**附錄P5C4

京都站周邊

新·都ホテル

新·都酒店

位置極佳，前進關西一區
京都的八条口附近。有JR、地下鐵、近鐵等3種交通工具，京都和周邊關西觀光都極方便。客房數有986室，是關西最大規模的飯店。日本料理和中餐等各式餐廳都可享用美食。
DATA ☎075-661-7111 🏠京都市南区西九条院町17 🚇JR京都站步行2分 🅿93輛 Ⓨ14256日圓～ Ⓣ17820日圓～ ⏰IN14時/OUT12時 ●986室（Ⓢ36、Ⓣ802、其他148）●本館高級樓層2013年3月改 **MAP**附錄P5C3

三十三間堂周邊

ハイアットリージェンシー京都

京都凱悅酒店

日本的傳統與最新的功能性俱全
就在三十三間堂旁的良好位置。館內隨處可看見日本的傳統美配置，氛圍寧靜沉穩。床頭架以和服的古布料裝飾，浴池和淋浴分開的浴室也有吸引力。
DATA ☎075-541-1234 🏠京都市東山区三十三間堂廻り644-2 🚇市巴士博物館三十三間堂前站牌即到 🅿71台 ⓎⓉⓌ26136日圓～ ⏰IN14時/OUT12時 ●189室（Ⓣ92、Ⓦ93、其他4）●2006年3月開幕 **MAP**附錄P4E3

🔲有美容室 🚭有禁煙房 ♨有大浴場 🖥有網路 🛏單人住宿OK

河原町
ホテルサンルート京都

京都燦路都大飯店

河原町上重視舒適性的飯店

全館使用鴨川水系的地下天然水，而且全客房都備有加濕器空氣清淨機和丹普的枕頭。10樓的餐廳可以一覽東山群山的風景，早餐則為日西的自助餐。

DATA ☎075-371-3711 🏠京都市下京区河原町通松原下ル難波町406 🚇市巴士河原町松原站牌即到 🅿無 Ⓨ🅢10400日圓～ Ⓣ17000日圓～ 🕐IN14時／OUT11時 ●144室（Ⓢ61、Ⓣ77、其他6）●2005年2月改裝 **MAP**附錄P4D1

四条烏丸
ホテル日航プリンセス京都

Hotel Nikko Princess Kyoto

京都的天然水的療癒沐浴時光

位於京都中心區，觀光購物都十分方便。全館使用不刺激肌膚的京都地下天然水，客房寬敞、設有乾濕分離的浴室。另提供免費的無線網路連接服務。

DATA ☎075-342-2111 🏠京都市下京区烏丸高辻東入ル 🚇地下鐵四条站出口步行3分 🅿62輛 Ⓨ🅢20196日圓～ Ⓣ35640日圓～ 🕐IN13時／OUT12時 ●216室（Ⓢ6、Ⓣ162、其他48）●2004年10月改裝 **MAP**附錄P5C1

市役所前
京都ホテルオークラ

京都大倉飯店

悠久歷史孕育出的熱誠接待

明治21年（1888）創業以來，接待過無數貴賓的著名飯店。高度京都第一，視野極佳。種類多元的直營餐廳和酒吧，以及方便的交通都深具魅力。

DATA ☎075-211-5111 🏠京都市中京区河原町御池 🚇地下鐵京都市役所前站直通 🅿250輛 Ⓨ🅢23760日圓～ Ⓣ33264日圓～ 🕐IN13時／OUT11時 ●322室（Ⓢ54、Ⓣ221、Ⓦ26、其他21）●2013年局部改裝 **MAP**附錄P14C4

市役所前
ザ・リッツ・カールトン京都

THE RITZ-CARLTON KYOTO

眺望鴨川的絕佳位置

京都市內飯店裡最寬敞的客房，是結合了傳統與文化的豪華空間，還備有附庭院的客房。PIERRE HERMÉ PARIS的美食也不容錯過。

DATA ☎075-746-5555 🏠京都市中京区鴨川二条大橋畔 🚇京阪三条站步行6分 🅿72輛 Ⓨ🅢68250日圓～ 🕐IN15時／OUT12時 ●134室 ●2014年2月開幕 **MAP**附錄P6D3

烏丸御池
ハートンホテル京都

Hearton Hotel Kyoto

搭乘地下鐵，東西南北自由自在

位於京都中心區，交通極為方便。全館免費無線網路，可使用地下水，席夢思名床和舒適的羽毛被，是極受女性喜愛的飯店。名牌盥洗用品專案也備受好評。

DATA ☎075-222-1300 🏠京都市中京区東洞院通御池上ル船屋町405 🚇地下鐵烏丸御池站步行2分 🅿60輛 Ⓨ🅢11000日圓 Ⓣ19000日圓～ 🕐IN14時／OUT12時 ●294室（Ⓢ127、Ⓣ125、其他42）●1996年3月開幕 **MAP**附錄P14A4

烏丸御池
三井ガーデンホテル京都三条

三井花園飯店京都三条

在時尚的三条街旁

位於三条通，是逛街的好去處。大廳和餐廳都可以看到庭園，庭園浴場腿伸直泡湯也富吸引力。設有附加濕功能的空氣清淨機。可以好好享受庭園浴池「庭園浴場」。

DATA ☎075-256-3331 🏠京都市中京区三条通烏丸西入ル倉町80 🚇地下鐵烏丸御池站6號出口即到 🅿無 Ⓨ🅢6000日圓～ Ⓣ9000日圓～ 🕐IN14時／OUT11時 ●169室（Ⓢ55、Ⓣ94、其他20）●2010年3月改裝 **MAP**附錄P13A2

二条城周邊
ANAクラウンプラザホテル京都

ANA Crowne Plaza Kyoto

看得到世界遺產的位置

二条城近在眼前，穿著和服的工作人員出迎，極具京都的氛圍。備有加濕器、鞋類乾燥機、負離子吹風機等。此外，可以免費自行挑選的枕頭和香氛等受到女性的喜愛。

DATA ☎075-231-1155 🏠京都市中京区堀川通二条城前 🚇地下鐵二条城前站即到 🅿備送迎 🅿150輛 Ⓨ🅢10000日圓～ Ⓣ14000日圓～ 🕐IN13時／OUT11時 ●291室（Ⓢ32、Ⓣ210、其他49）●2013年2月全新裝開幕 **MAP**附錄P7B3

御所周邊
京都ブライトンホテル

BRIGHTON kyoto

在御所附近享受美好的時光

自然光射入的挑高大廳開放感十足。可以在京町屋風格長縱深的客房，和乾濕分離的浴室悠閒度過。

DATA ☎075-441-4411 🏠京都市上京区新町通中立売 🚇京都市今出川站步行10分 🚌烏丸御池站有接送巴士 🅿103輛 Ⓨ🅣18000日圓～（可能變動）Ⓦ18000日圓～（可能變動）🕐IN14時（2015年4月為15時）／OUT12時 ●182室（Ⓣ139、Ⓦ40、其他3）**MAP**附錄P7C2

京都威斯汀都酒店的客房服務

在美好的飯店客房內用餐

使用優質牛肉做的漢堡排佐磨菇醬加煎蛋2950日圓（圖），和總匯三明治加炸薯條2210日圓，是可以在午餐和晚餐（11～23時）時間點用的菜色

位於名剎雲集的東山高地上的京都威斯汀都酒店。在東山一帶雄偉大自然和古都風景一覽無遺的客房裡，點用客房服務（房內用餐），就可以享受到無比自在悠閒的用餐。在私人的空間裡，享受無比的奢華時光吧。

在客房裡享受一流的服務

室內電話按下服務快線鈕點菜，就會有推車的服務

24小時隨時可以享用餐點。圖為美式早餐3700日圓。早餐為6～11時

讓服務生將菜色在窗邊附近擺桌，觀賞風景同時享用

跟上
ウェスティン都ホテル京都

京都威斯汀都酒店

以無微不至的服務與極佳的位置聞名的飯店。豪華觀景房（雙床房2人1室59400日圓）裡，可以遍賞南禪寺的山門、平安神宮的鳥居等京都風格的景色，放鬆休憩。

☎075-771-7111 📍京都市東山区三条けあげ ☗雙床房1室45360日圓～ ⏰IN15時／OUT11時 🚇地下鐵蹴上站步行2分 🅿200輛 MAP附錄P16B4

※圖片都是參考用。標示金額和內容可能不經預告而變更。

既然遠道來了就走遠些
當天來回郊區之旅

遊逛完市區景點之後，就到郊外走走吧。

到大原逛逛佛寺、看看鞍馬寺、貴船神社，

參觀宇治的平等院，來趟酒倉之城伏見散步。

每個地方都是值得花上1天好好遊逛的好地方。

恬靜的田原風光滿布
在大原之里的悠閒佛寺巡禮

這個區域的資訊
・京都站搭乘
　巴士約1小時
・步行遊逛約需半天

平家隱居之里當時開始就一直未曾改變，有著恬靜山村風光的大原。
前往有著美麗庭園的寺社巡禮，度過心靈平和的時間吧。

宸殿前的庭園，有清園。杉木下長滿了一片青綠的苔蘚

さんぜんいん
三千院 A

融入山村的最澄淵源佛寺

天台宗三門跡之一，延曆7年（788）最澄在比叡山東塔興建草庵為起始。杉樹繁茂的廣大境內，設有眾多堂宇，也是著名的繡球花和紅葉的景點。

☎075-744-2531 ⓘ京都市左京区大原来迎院町540 ￥700日圓 ⓞ9時～17時30分（11月為8時～、12～2月～16時30分）休無休 ✉京都巴士大原站牌步行10分 P無 MAPP143

1 被指定為國家重要文化財的往生極樂院的本尊，國寶阿彌陀三尊 2 在苔蘚生長的庭園裡擺放的地藏（杉村孝作），有著柔和而十分討喜的造形

じっこういん
實光院 B

可以同時觀賞到
櫻花和紅葉的名庭

勝林院的分院，為了傳承天台聲明而建立。可以欣賞著引進河川水流的水池為中心的池泉觀賞式庭園契心園，享用抹茶和和菓子。

☎075-744-2537 ⓘ京都市左京区大原勝林院町187 ￥700日圓 ⓞ9時～16時30分（12～2月～16時）休1月1日 ✉京都巴士大原站牌步行11分 P無 MAPP143

1 四季花卉十分美麗的契心園。秋天的紅葉也豔麗 2 境內有會在秋天開花的罕見不斷櫻，也可以同時欣賞櫻花和紅葉回遊式庭園

如果想要好好品嘗簡單卻十分美味的大原滋味…

可以吃到使用後方田中栽培的蔬菜和稻米，有著大原特色料理的餐廳「たんば茶屋」。使用大原名產紫蘇做出、有著高雅味道的紫蘇聖代500日圓也值得享用。☎075-744-2527 MAP P143 F

しょうりんいん
勝林院 C

名僧進行爭論的大原問答的舞台

長和2年（1013）創建，作為聲明的根本道場發展起來。留存有天台宗的僧侶顯真邀請法然，就極樂淨土進行爭論的「大原問答」軼事。

☎075-744-2409（寶泉院）住京都市左京區大原勝林院町187 ¥300日圓 ⏰9時～16時30分 休無休 交京都巴士大原站牌步行12分 P無 MAP P143

1 有著深沉「寂」風情的本堂。內有阿彌陀如來坐像鎮座 2 據說在問答之際放出光芒宣布法然獲勝的「證據的阿彌陀」

ほうせんいん
寶泉院 D

希望能一直欣賞的額緣庭園

建於平安時代的勝林院分院，一般認為是僧侶居住的僧坊。樹齡達700年的巨大五葉松，和客殿的柱和柱之間的空間當成畫框的額緣庭園，有著不可錯過之美。

☎075-744-2409 住京都市左京區大原勝林院町187 ¥800日圓 ⏰9～17時（受理～16時30分） 休無休 交京都巴士大原站牌步行15分 P無 MAP P143

E 寂光院

往朽木

勝林院

大原學校前

寶泉院 D C

高野川

實光院 B

N

たんば茶屋 F

呂川茶屋

さわだ

志ば久 三千院 A

0 ───── 200m

寂光院道

大原

産寧

●往起點的交通
由JR京都站搭乘京都巴士17、18系統到大原約1小時2分。
廣域MAP 附錄P2D1

草生町

往寶ヶ池

往大尾

庭園名稱盤恒園是想離開的意思，別名又稱為額緣庭園

參觀費含抹茶和菓子費用，可以觀賞庭園時享用

じゃっこういん
寂光院 E

平清盛之女度過一生的尼寺

聖德太子為了祭祀父靈而建立的寺院。以平清盛之女建禮門院在文治元年（1185）入寺，成為尼僧度過餘生而聞名。建禮門院相關的史蹟和庵也是必看景點。

☎075-744-3341 住京都市左京區大原草生町676 ¥600日圓 ⏰9～17時（12～2月～16時30分） 休無休 交京都巴士大原站牌步行15分 P無 MAP P143

1 留有桃山時代建築特色的本堂，在2000年時燒毀，但5年後重建 2 本堂東側的四方正面水池。庭園裡還可觀賞四季花卉

 平清盛之女建禮門院，祭祀在壇浦滅亡的平家一門之靈度過一生的寂光院，是個讓人思考諸行無常意味的場所。

參觀有神秘世界觀的
鞍馬寺與結緣的貴船神社

這個區域的資訊
· 京都站搭乘
  巴士和電車約1小時
· 步行遊逛約需3小時

有著天狗傳說的神秘鞍馬，到有著河川潺潺水聲清涼感滿分的貴船。
到綠意豐富的山道散步，同時在不同風情的二個自然鄉放鬆身心。

A 鞍馬寺

鞍馬街道旁聳立的仁王門。這裡就是以整座山為境內的鞍馬寺入口

B 木之根道

在鞍馬山中的木之根道。杉樹根占滿整個地表的景觀十分具神秘感

C 貴船神社

本宮的表參道，紅色的春日燈籠在兩端一字排開，令人印象深刻的石級綿延

D ひろ文

在大自然的清新空氣裡，享用京都夏季的風情畫－川床

E 貴船俱樂部

以古老民宅的木材興建的小木屋風格的咖啡廳。木料的溫暖感覺和挑高空間極為舒適

F KIFUNE COSMETICS & GALLERY

由面對著大大玻璃窗的吧台座，看遍四季的風光

在鞍馬到貴船的
樹木茂密的路上
來個小小散步

鞍馬寺到貴船神社的移動，以1個小時左右的小散步最適合。在陡峻而神秘氛圍的「木之根道」綿延的途中，還有義經堂和奧院魔王殿等景點。大自然環繞下，身心都能放鬆舒暢。(MAP)P145 B

🍜 ひろ文 D
ひろぶん

觀賞著大自然
享用四季不同的貴船名產

能享受到貴船的自然與美味的料理旅館。夏天在川床上的涼風吹拂下享用細麵，冬天則欣賞著雪景享用山豬火鍋。

☎075-741-2955 ⊞京都市左京區鞍馬貴船町87 ⏰11時30分～19時LO(流水細麵～16時30分LO) ⊗無休(川床為5～9月營業，10～4月不定休) Ⓟ20輛 🚌京都巴士貴船站牌步行10分 MAP P145

5～9月底的流水細麵人氣超高

🍵 貴船俱楽部 E
きぶねくらぶ

木料的溫暖洋溢
小木屋風咖啡廳

位於前往貴船神社奧院參道途中的木質咖啡廳，可以吃到搭配咖啡享用的特製抹茶聖代1200日圓等多種甜點。

很受歡迎的季節蛋糕套組800日圓

☎075-741-3039 ⊞京都市左京區鞍馬貴船町74 ⏰11時30分～17時 ⊗不定休 Ⓟ無 🚌京都巴士貴船站牌步行10分 MAP P145

🏯 鞍馬寺 A
くらまでら

有豐富的傳承和自然
京都少見的神秘景點

寶龜元年（770），鑑真和尚的高徒鑑禎上人祭祀毘沙門天為起始。是鞍馬弘教的總本山，境內山中有不少如天狗傳說等源義經相關的傳承和景點。

☎075-741-2003 ⊞京都市左京區鞍馬本町1074 ¥愛山費300日圓、靈寶殿200日圓 ⏰9時～16時30分 ⊗無休(靈寶殿為週一，逢假日則為翌日，冬季休館) Ⓟ無 🚋叡山電鐵鞍馬站步行3分至仁王門 MAP P145

位於山腰的本殿金堂，有著石造的金剛床地板

🏮 貴船神社 C
きぶねじんじゃ

和泉式部也參拜過的古社
專司水供給的龍神

社殿前神水源源不絕地湧出，被視為專司供水的神祇而備受信仰。由於和泉式部曾經參拜，祈求和丈夫重修舊好成功，因此成為了結緣的神祇而馳名遠近。

☎075-741-2016 ⊞京都市左京區鞍馬貴船町180 ¥免費 ⊗授予所受理9時～16時30分(部分時期延長) ⊗無休 Ⓟ25輛 🚌京都巴士貴船站牌步行5分 MAP P145

❶ 本宮社殿。天喜3年（1055）由原本的鎮座地奧宮遷移來此 ❷ 浸在水中就會浮現字跡的水占籤200日圓

ひろ文 D
貴船俱楽部 E
貴船神社 C
貴船川

N
0　200m

KIFUNE COSMETICS & GALLERY F
貴船

木之根道

山門站到多寶塔站也可以搭乘電纜車

鞍馬寺 (本殿) A

多寶塔

鞍馬山纜車一

鞍馬山門

梅宮橋

叡山電鐵鞍馬線

鞍馬街道

鞍馬站

十王橋

貴船口站

往出町柳站 貴船口

●往起點的交通
JR京都站搭乘市巴士4、7系統35分到出町柳。叡山電鐵出町柳站到貴船口站約27分，到鞍馬站30分。貴船口站搭乘京都巴士到貴船5分。
廣域MAP 附錄P3C1

🛍️ 🍵
KIFUNE COSMETICS & GALLERY F
きぶね こすめてぃっくす あんど ぎゃらりー

藝術品環繞下
度過放鬆的時光

展示、販售主要是京都作家約50人作品的藝廊。咖啡空間裡，可以享用飲料1杯500日圓、蛋糕套組800日圓等。

☎075-741-1117 ⊞京都市左京區鞍馬貴船町27 ⏰11～17時 ⊗不定休 Ⓟ無 🚌京都巴士貴船站牌步行2分 MAP P145

在高雅與和緩共處的成人空間享用優雅的午茶時光。伴手禮也在這裡找

📖 木之根道是很受歡迎的健行路線，但白天也嫌昏暗容易失足，應穿著好走的鞋出門。

鞍馬、貴船 ● 參觀鞍馬寺和貴船神社

充滿了王朝浪漫
源氏物語和茶鄉 宇治

這個區域的資訊
· 京都站搭乘
  電車約30分
· 步行遊逛約需半天

平緩的丘陵和宇治川的河水，孕育香氣高雅茶葉的宇治。
走訪感受到王朝浪漫的平安時代遺蹟和源氏物語的相關場所。

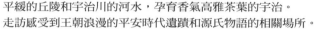

🌳 ぴょうどういん
平等院 A 世界遺產

將極樂淨土具現出來的寺院

原是光源氏原型源融的別墅之地，後來成為藤原道長的別墅。永承7年（1052）由其子賴通創建為佛寺。10日圓硬幣圖案的阿彌陀堂，據說因為像是鳳凰展翼，因而又有鳳凰堂之稱。2014年10月時為期2年的整修完成，創建時的色彩再度出現。

☎0774-21-2861 住宇治市宇治蓮華116 ¥600日圓（鳳凰堂加收300日圓）🕗8時30分～17時30分（鳳翔館為9～17時、鳳凰堂內部9時30分～16時10分之間為每20分鐘清場制）休無休 🚃JR宇治站步行15分 P無 MAP P147

1 屋頂配置金色鳳凰，左右對稱的姿勢極美 2 充滿躍動感的雲中供養菩薩像。在鳳翔館展示26尊

阿彌陀如來坐像出自於平安時代著名佛師定朝之手

2001年完成的寶物館鳳翔館。擺放了雲中供養菩薩和鳳凰等國寶

博物館商店值得一看！

吸油面紙
附化妝棉
各400日圓

小袋子
250日圓（5片組）

京都與沖繩的合作咖啡廳

所有講究食材和製法的食品都可以試吃的「ちゃーがんじゅ〜カフェ」。京都產抹茶和蔬菜的可麗餅443日圓等咖啡廳菜色人氣也高。☎0774-21-5551 MAP P147 F

なかむらとうきちほんてん
中村藤吉本店 B

排隊也要吃到的生茶果凍

安政元年（1854）創業的宇治茶商經營的咖啡廳。可以吃到使用抹茶調理的料理和甜點，招牌甜點生茶果凍和數量限定的抹茶黑糖漿蕨餅790日圓人氣高。

☎0774-22-7800 住宇治市宇治壱番10 ◐10時〜17時30分(咖啡廳為11〜17時LO※有季節性變動) 休無休 交JR宇治站步行2分 P15輛 MAP P147

▲店內挑高，天花板的高度有8公尺。由明治、大正時代製茶工廠改裝而成
▶滑嫩口感令人愛不釋手的生茶果凍（抹茶）740日圓

つうえん
通圓 C

宇治川畔的老字號茶商

平安時代創業的老店，也曾在吉川英治的小說《宮本武藏》裡出現過的茶店。町家建築的茶房裡，可以看著宇治川的流水，享用抹茶聖代850日圓和紅豆湯圓等。

☎0774-21-2243 住宇治市宇治東內1 ◐10〜18時 休無休 交京阪宇治站即到 P2輛 MAP P147

●往起點的交通
JR京都站搭乘奈良線29分到宇治站。JR宇治站到京阪宇治站步行15分。
廣域MAP 附錄P2D4

▲抹茶冰淇淋等多種配料的抹茶鮮奶油船蛋850日圓

▲展示介紹當時生活的1比1尺寸的牛車和顏色繽紛的裝束

うじしげんじものがたりみゅーじあむ
宇治市源氏物語博物館 E

遊樂於王朝文學的世界

介紹源氏物語的大綱和魅力。藉由平安貴族的生活用品和六條院縮小模型的展示，可以快樂地學習源氏物語。另附設收藏專門書和漫畫的圖書室。

☎0774-39-9300 住宇治市宇治東內45-26 ￥500日圓 ◐9〜17時 休週一(逢假日則翌日) 交京阪宇治站步行8分 P15輛 MAP P147

うじかみじんじゃ
宇治上神社 D 世界遺産

處於幽靜森林裡的神社

原為平等院鎮守神的神社。建於平安後期、屬於國寶的本殿，是有著莊嚴氛圍的珍貴神社建築，拜殿則使用了平安時代的住宅樣式。

☎0774-21-4634 住宇治市宇治山田59 ￥免費 ◐9時〜16時30分 休無休 交京阪宇治站步行8分 P無 MAP P147

▲光源氏的異母弟八之宮和二個女兒住過山莊也是參考此建築所建

📖 宇治橋是日本三古橋之一。《源氏物語 宇治十帖》裡，薰君和匂宮為了見到浮舟而多次走過宇治橋。

歷史發生變化的幕末舞台
水運的城下町 造訪伏見

這個區域的資訊
・京都站搭乘
　電車約15分
・步行遊逛約需3小時

白牆酒倉遍布的風景極美的伏見，是水運的要衝發展的城市。
來造訪日本數一數二的產酒處，也是幕末動亂舞台的地區吧。

十石舟 A
じゅっこくぶね

船上看到的酒倉街區

據說坂本龍馬等幕末志士也利用過，重現江戶時代淀川三十石舟的小船。現為觀光屋形船，由月桂冠大倉紀念館後方，費時約55分來回濠川與宇治川的匯流處。

☎075-623-1030 🏠京都市伏見区南浜町247 ¥1000日圓 ⏰10時～16時20分（約每20分一航次，會因時期而變動）休運行為4月1日～11月30日（期間中週一公休，逢假日則營運。4、5、10、11月無休、夏季有停航日）🚇京阪中書島站步行4分 P無 MAP P149

1 新綠的季節時，酒倉的白牆和倒映河邊的垂柳，更顯京都風情 2 船隻緩慢地在平穩的水流中前進

月桂冠大倉紀念館 B
げっけいかんおおくらきねんかん

接觸日本酒的魅力和歷史

寬永14年（1637），創業於此地的月桂冠，將明治時期的酒倉改裝，簡單明瞭地介紹日本酒的製作。參觀後還可以試喝比較吟釀酒和李子酒等。

☎075-623-2056 🏠京都市伏見区南浜町247 ¥300日圓（附純米酒、未成年者附明信片）⏰9時30分～16時30分 休無休 🚇京阪中書島站步行5分 P22輛 MAP P149

1 也展示使用到昭和初期的製酒用的大桶 2 常設展示製酒用具類約400件

現在仍提供住宿的寺田屋。龍馬愛用的梅之間在2樓

寺田屋 C
てらだや

襲擊龍馬舞台的旅館

坂本龍馬和幕末志士們固定會投宿的旅籠。也是發生在慶應2年（1866）襲擊龍馬事件的舞台，當時的刀痕現在也還在。

☎075-622-0243 🏠京都市伏見区南浜町263 ¥參觀400日圓、1夜住宿不含餐6500日圓 ⏰10～16時（受理～15時40分）休週一不定休、1月1～3日 🚇京阪中書島站步行5分 P2輛 MAP P149

●往起點的交通
京都站搭乘奈良線2分到東福寺站。京阪東福寺站到伏見桃山站12分，到中書島站14分。

廣域MAP 附錄P3C4

充滿活力的古老形式商店街
位於寺田屋旁的「龍馬通商店街」是很受歡迎的觀光景點，但平常就有許多當地居民前往購物，古老的氛圍非常有味道。 MAP P149 H

きざくらかっぱかんとりー

キザクラカッパカントリー D

日本酒甜點搭配地產啤酒

可以享用到以伏見名水釀製的地產啤酒，和使用日本酒的料理、甜點。另附設有可以影像觀賞製酒過程的紀念館和河童資料館，以及可以買到限定酒、地產啤酒的商店。

☎075-611-9919 住京都市伏見區塩屋町228 ¥免費 時紀念館10～17時、黃櫻酒場11時30分～14時、17～22時（週六日、假日為11時～營業開始）休無休（紀念館週一）交京阪中書島站步行5分 P20輛 MAP P149

1 大大的「黃櫻」布簾就是地標。酒倉改裝的白牆建築，內裝也古典 2 酒粕瑞士卷和酒粕乳酪蛋糕各388日圓

きょうのだいどころ つきのくらびと

京の台所 月の蔵人 F

豆腐和豆皮感受到季節

將曾是月桂冠酒倉的建築改建的餐廳。使用伏見名水自製的豆腐和豆皮，以及加入了當令京都蔬菜的創作料理，可以搭配美酒享用。

☎075-623-4630 住京都市伏見區上油掛町185-1 時11～23時 休無休 交京阪伏見桃山站步行7分 P13輛 MAP P149

1 可以吃到10種豆皮料理的おもてなし湯葉御膳3078日圓 2 有100年歷史的月桂冠酒倉大改裝而成 3 精選酒粕冰淇淋313日圓味道極美

室內有著大正時代的古老氛圍

將建於大正時代的月桂冠公司建築改裝為咖啡和伴手禮店

清酒冰淇淋650日圓。淋上清酒或柚子檸檬利口酒享用

ふしみゆめひゃくしゅう

伏見夢百衆 E

享用酒館特有的甜點

可以品嘗到3銘酒品銘，以及清酒蜂蜜蛋糕500日圓、清酒冰淇淋等甜點。伴手禮店內約提供100種伏見的銘酒。

☎075-623-1360 住京都市伏見區南浜町247 時10時30分～16時30分LO（週六日、假日為～17時30分LO）休週一（逢假日則營業）交京阪中書島站步行7分 P無 MAP P149

きたがわほんけ（おきなや）

北川本家（おきな屋）G

得到女性喜愛的日本酒

明曆3年（1657）創業的老字號製酒店。在基地內附設的商店「おきな屋」裡，可以秤重方式購買日本酒。

☎075-601-0783 住京都市伏見區村上町370-6 時10～19時 休無休 交京阪伏見桃山站步行10分 P無 MAP P149

1 各種酒都可以試喝和購買的直營店 2 可以用來保養肌膚的純米酒美肌448日圓

伏見有著極為豐富的伏流水，甚至江戶時代還總稱為「伏水」。從以前就是著名的名水之城。

伏見 ● 水運的城下町 造訪伏見

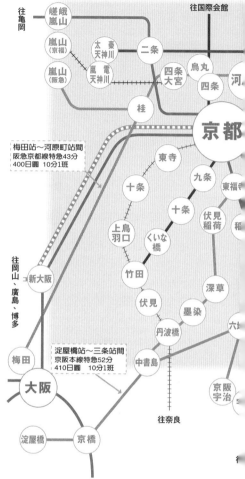

➡ 交通資訊

前往京都的交通

從日本國內該如何前往目的地？目的地內的交通又該如何？選擇由日本國內出發地和符合旅遊型態的交通方式吧。

🚄 火車 -RAIL-

▶搭乘東海道新幹線

東京站	**新幹線のぞみ**	京都站
	2小時20分　13910日圓　1小時4～6班	

名古屋站	**新幹線のぞみ**	京都站
	36分　5800日圓　1小時4～6班	

▶搭乘JR京都線

大阪站	**新快速**	京都站
	28分　560日圓　15分1班	

▶搭乘山陽・東海道新幹線

廣島站	**新幹線のぞみ**	京都站
	1小時40分　11410日圓　1小時3～5班	

博多站	**新幹線のぞみ**	京都站
	2小時45分　16060日圓　1小時2～3班	

設定計劃提要

大阪、神戶等地前往京都，一般都是搭乘JR的新快速。但是京阪神地區的私鐵很發達，因此可以視出發地和目的地，搭乘阪急電車去京都市內的河原町站；京阪電車前往京都市內的三條站可能更加方便。

京都前往關東方向時，最好事先預訂好新幹線的指定席。由於「のぞみ」的自由席車廂只有3節，尤其是在假日的傍晚等時段，一整年人都會很多。

✈ 飛機 -AIR-

桃園國際機場	華航、長榮、復興、ANA、JAL、國泰、捷星、樂桃	關西機場
	約2小時40分　1天17～18班	

高雄國際航空站	華航、長榮、ANA、樂桃	關西機場
	約3小時　1天3～4班	

<機場交通>

大阪（伊丹）機場 ———————————— 京都站八條口
大阪空港交通巴士
需時55分　1310日圓　20分1班

關西機場 ———————————— JR京都站
JR特急「はるか」
需時1小時15分　3370日圓　30～60分1班

設定計劃提要

利用伊丹機場時，還有搭乘大阪單軌電車一途。尤其是持有スルッとKANSAI 2day、3day時，更是建議使用。雖然會稍微繞一下路，但可以在螢池站、南茨木站轉乘阪急電車，在門真市站轉乘京阪電車。

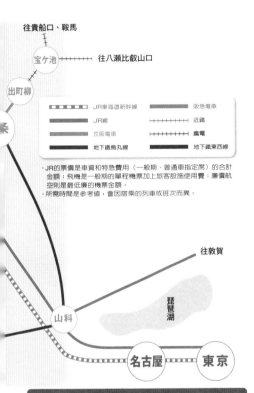

往貴船口、鞍馬

宝ケ池 ┼┼┼┼┼┼ 往八瀬比叡山口

出町柳

JR東海道新幹線　　　　阪急電車
JR線　　　　　　　　　近鐵
京阪電車　　　　　　　嵐電
地下鐵烏丸線　　　　　地下鐵東西線

・JR的票價是車資和特急費用（一般期、普通車指定席）的合計金額；飛機是一般期的單程機票加上旅客設施使用費；廉價航空則是最低廉的機票金額。
・所需時間是參考值，會因搭乘的列車或班次而異。

往敦賀

琵琶湖

山科

名古屋　　東京

🚌 巴士 -BUS-

▶搭乘東京、廣島開車的夜行高速巴士

東京站八重洲南口 新宿站新南口	JR巴士關東「ドリーム号」等	京都站中央口

7小時27分～8小時9分　1天6～10班

◎JR巴士關東的夜行班次，因為車輛設備的不同，分為「ドリーム号」「グランドリーム号」「プレミアドリーム号」「プレミアエコドリーム号」「青春エコドリーム号」等不同的名稱，有「レディース」文字的表示為女性專用班次。新宿站新南口發車為1天4～6班，需時7小時20～29分。價格視車輛設備和乘車日而異，為5000～13000日圓不等。
◎JR巴士之外，新宿、澀谷、立川、池袋、橫濱等地也有夜行班次。

廣島站 新幹線口	中國JR巴士	京都站中央口

約3小時20分　1天3班

◎中國JR巴士的白天班次為「山陽道晝特急広島号」「青春昼特急広島号」各1班，和夜行班次「青春ドリーム広島号」1班。價格視車輛設備和乘車日而異，為4450～5650日圓。

▶名古屋出發：搭乘名神高速公路巴士

名古屋站 新幹線口	名鐵巴士、名鐵近鐵巴士、JR東海巴士	京都站中央口

2小時13～34分　2550日圓　30分～1小時1班

設定計劃提要

由於夜行巴士是在深夜時段行駛，因此不但關燈而且座位四方都以窗簾隔開。雖然只需要瞌睡就可以，但有幽閉症的人可能會有壓力。應放鬆搭乘。

好康情報

ぷらっとこだま（こだま号單程專案）
東京站、品川站　普通車10100日圓～
　　　　　　　　商務車11600日圓～
單程的行程，只可以搭乘こだま号，但價格低廉。搭乘前一天為止向JR東海Tours或JTB各分店報名。

新幹線京都折扣車票
福岡市內、北九州市內出發27360日圓
可以搭乘含「のぞみ」在內的山陽新幹線普通車指定席的往返折扣車票。沒趕上車也可以搭乘後續車次的自由席，7天有效。4/27～5/6、8/11～20、12/28～1/6不可使用。

京都往返折扣票
長崎站出發28390日圓　別府站、大分站出發27980日圓
九州內特急與包含「のぞみ」在內的山陽新幹線普通車指定席，可以在博多站或小倉轉乘的往返車票。沒趕上車也可以搭乘後續車次的自由席，7天有效。4/27～5/6、8/11～20、12/28～1/6不可使用。

「九州新幹線 & のぞみ」早特往返車票
熊本站出發34560日圓　鹿兒島中央站出發40940日圓
九州新幹線「みずほ」「さくら」「つばめ」和山陽新幹線「のぞみ」的普通車指定席，在博多站轉乘的往返車票。在乘車日1個月到1週前發售。回程部分沒趕上車也可以搭乘後續車次的自由席，7天有效。

いい古都チケット（美好古都車票）
春秋二季販售，有出發站的阪急、阪神、山陽、神戶、大阪市營等之一的私鐵全線，和阪急電車全線、京都市電全線、地下鐵、京都巴士的指定區間皆可一日自由上下車的票種。1600～2800日圓（視發售公司而異）。

スルッとKANSAI
可共通利用關西地區50家公司、局（JR除外）鐵道、巴士的儲值卡。此外，還有非關西地區全年販售的加盟41家公司、局可以自由搭乘的2day、3day車票，以及關西地區在春夏秋季販售的期間限定3day車票等。

洽詢	
鐵道	
JR東海（電話中心）	☎ 050-3772-3910
JR西日本（顧客中心）	☎ 0570-00-2486
JR東海ツアーズ（東京分店）	☎ 03-3213-0151
飛機	
中華航空	☎ (02) 412-9000
長榮航空	☎ 0800-098-666
復興航空	☎ (02) 4498-123
全日空（ANA）	☎ (02) 2521-1989
日本航空（JAL）	☎ (02) 8177-7006
巴士	
JR巴士關東	☎ 03-3844-1950
名鐵巴士	☎ 052-582-2901
名鐵近鐵巴士	☎ 052-661-3191
JR東海巴士	☎ 052-563-0489
中國JR巴士	☎ 0570-666-012
大阪機場交通	☎ 06-6844-1124

京都的交通

在京都可以搭乘路線四通八達的的巴士，
或市營地下鐵、嵐電（京都電氣鐵道）等的鐵道，
和巴士搭配的交通方式最方便。

路線巴士最方便

要在京都市內遊逛，最方便的交通工具就是路線巴士。

路線巴士

市巴士（京都市交通局）
行駛市區的大街小巷，泰半的觀光地區都以搭市巴士到達。
中心區為230日圓均一，往郊外的調整系統則以整理券方式區間計價。

京都巴士
經營京都市內到嵐山、大原、比叡山方面路線。

西日本JR巴士
經營京都站到龍安寺、高雄、周山方面路線。

洛巴士

行駛主要觀光景點之間的急行巴士，有3系統。洛巴士由市巴士負
責行駛，但使用的是改變車色的特別車輛。100系統是粉紅色、101
系統是綠色、102系統是黃色，票價為230日圓均一。

100日圓循環巴士

也由市巴士運營，和市巴士使用相同車體，但目的地標示的「100
日圓循環巴士」可以辨識出來。週六日、假日（1月1日除外）白天，
每10分鐘行駛1班。

去郊外時JR和私鐵的電車也方便

市中心使用地下鐵和私鐵，由車站出發步行遊逛也是環保的旅
行方式。要前往嵯峨野、嵐山、鞍馬・貴船、伏見等地時，搭
電車不會塞車時間也好掌握，非常方便值得推薦。

JR

往太秦和嵯峨野、嵐山，由京都站搭乘JR嵯峨野線（山陰本線）最快。

京阪電車

巴士班次眾多的三条京阪、出町柳等巴士總站之間的移動，以及前
往伏見、桃山、宇治方面，來大阪方面前來京都的交通方式等都可
以利用。

阪急電車

大阪方面前來京都的交通，直通嵐山等時可以利用。

嵐電（京福電鐵）
らんでん

四条大宮往太秦・嵐山方面、仁和寺、龍安寺等的方便交通工具。

叡電（叡山電鐵）
えいでん

前往比叡山和鞍馬方面觀光的方便交通工具。

地下鐵

京都有南北向的烏丸線和東西向的東西線二條路線，烏丸線和近鐵
京都線、東西線京阪京津線相互直通運行。在轉乘只巴士而必須在巴
士總站之間移動時的良好交通工具。

地下鐵規劃行程的提要
地下鐵連接了京都站、四条烏丸站、三条京阪
站、北大路站等巴士的總站，在這些總站間的
快速移動，地下鐵不可或缺。各種如「京都觀
光一日乘車券」等的優惠車票，也市營巴士一
樣可以自由上下車，可以充分利用。

好 康 情 報

到了京都在出發觀光之前，應先確認和購買符合該日旅遊
目的的車票。

市バス・京都バス1日乗車券カード 500日圓
可自由在市巴士、京都巴士的市內230日圓均一區間
上下車的車票，在市巴士、京都巴士車內等處販售。

京都觀光一日乘車券 1200日圓
地下鐵、市巴士全線，和京都巴士的市內230
日圓均一區間，以及往大原班車自由上下車
。地下鐵各站和京都站前案內所等處販售。

嵐電1日フリーきっぷ 500日圓
嵐電全線1天自由上下車，另附「足湯」的折扣，和沿線觀光
設施的折扣優惠。嵐電主要車站販售。

叡電1日乘車券「えぇきっぷ」 1000日圓
叡電全線1天自由上下車。沿線的寺社等約40處享有優惠。出
町柳站等處販售。

定期觀光巴士

想輕鬆遊逛觀光地區的人，以及想要先來個京都觀光的人，
最適合的便是定期觀光巴士。由京阪巴士運行，著名景點市
內半日路線、1日路線，到嵐山、比叡山、大原等郊區的路
線、御所等特別參觀路線等，提供了眾多的路線選擇。

洽詢 京都定期觀光巴士預訂電話 ☎ 075-672-2100

出租自行車

利用出租自行車在嵐山區裡移動也是樂事一件。

洽詢 らんぶら（京福電較）レンタサイクル ☎ 075-873-2121

觀光計程車

數人一起移動或觀光時值得利用觀光計程車。起跳價格因公司
而異，前2公里570～640日圓。半天（3小時）包車約需13000日
圓左右。

洽詢 京都MK計程車 ☎ 075-757-6212
ヤサカタクシー ☎ 075-842-1212
都タクシー ☎ 075-671-8216

記住會很好用的基本系統

※本圖中的巴士站牌都在京都市內230日圓均一區間內

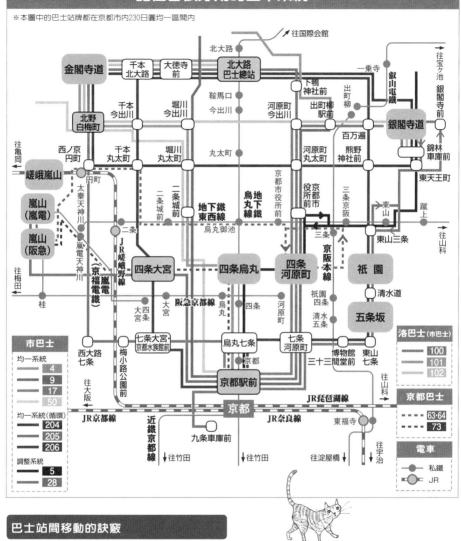

巴士站間移動的訣竅

到金閣寺、銀閣寺和嵯峨野等市內郊區觀光，又擔心回程的新幹線和飛機的時間⋯，搭巴士回京都站等需要多些時間⋯，應該有很多人有過這種經驗才對。計程車當然最好，但還不需要花到那些錢⋯，有這種情況時就該去到最近的火車站（含地下鐵）。在嵯峨野時，搭乘JR嵯峨野線直達京都站最方便。只要搭上了電車，接下來的行程就好掌握了。

洽詢

鐵道

JR西日本（顧客中心）　　　　　　　☎ 0570-00-2486
京阪電車（顧客中心）　　　　　　　☎ 06-6945-4560
阪急電車（交通資訊中心）　　　　　☎ 0570-089-500
京都市交通局（市巴士、地下鐵服務處）☎ 075-863-5200
嵐電（京福電鐵）　　　　　　　　　☎ 075-801-2511
叡電（叡山電鐵）　　　　　　　　　☎ 075-781-5121

旅遊京都前的
相關小知識

京都有許許多多歷史相關的插曲軼事。
正因為如此，有些小知識再遊逛會有趣得多。

主要街道名

棋盤狀的洛中，一般是以街道名來標示住址。只要記住，要去目的地就會很方便。

縱向（南北）的街道

堀川通 ほりかわ
就是平安時代的堀川小路，由南北向流經京都中心區的堀川而得名，連結五条～西陣～上賀茂。

烏丸通 からすま
經過京都御所西側，過商業區和京都車站交叉的主要幹道。得名自已經消失的烏川。

寺町通 てらまち
平安京的東京極大路。豐臣秀吉集中寺院構成了寺町。三条多老店、古書店和骨董店。

橫向（東西）的街道

御池通 おいけ
經過神泉苑前的大路。川端、堀川通之間是京都的著名路段，京都市役所就在此。

四条通 しじょう
平安京的四条大路。由八坂神社通到松尾大社，花街、鬧區、商業區等多元多樣。

五条通 ごじょう
豐臣秀吉整理區劃時移到現今位置的五条通之東，是京燒、清水燒廠集中的區域。

地址的念法和地圖的看法

北為上（あが）ル、南為下（さが）ル、東西則以東入（ひがしい）ル、西入（にしい）ル來表現；交叉路口則以縱（南北）和橫（東西）的組合來表示。例如烏丸通松原上ル，就是指以交叉路口為基點，由面對烏丸通的松原通稍微向北的地點。

（例）①京都市中京区烏丸通松原上ル
きょうとしなかぎょうくからすま
どおりまつばらあがる

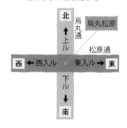

難讀地名

先斗町 ぽんとちょう
位於過去鴨川沙洲前端，因此由葡萄牙文「ponto=先」得名。

太秦 うずまさ
一說是來自「秦」氏「埋」的「うずめ洲」。太是偉大的意思。

鹿ヶ谷 ししがたに
平安時代的僧侶円珍在此地迷路時，鹿指引了路途因而得名。

御室 おむろ
位於仁和寺一隅的宇多天皇的室＝僧房而得名。御為尊稱。

糺の森 ただす
下鴨神社的祭神，調查並糾正了這個森林裡人們的事執的傳說留傳至今。

壬生 みぶ
過去由於是濕地，湧出大量的水因而有了壬生這個漢字名稱。

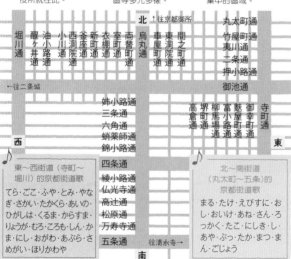

東～西街道（寺町～堀川）的京都街道歌
てら・ごこ・ふや・とみ・やなぎ・さかい・たかくら・あいの・ひがしは・くるま・からすま・りょうが・むろ・ころも・しん・かま・にし・おがわ・あぶら・さめがい・ほりかわ

北～南街道（丸太町～五条）的京都街道歌
まる・たけ・えびすに・おし・おいけ・あね・さん・ろっかく・たこ・にしき・し・あや・ぶっ・たか・まつ・まん・ごじょう

京都相關的文學作品

萬人皆知的些文豪們，也被歷史交織的古都魅力吸引，寫出了自己的代表作。

川端康成『古都』

主角是分別在室町和北山杉之里長大的雙胞胎姊妹。美麗地描述出京都四季的風物。

新潮文庫／1968年

谷崎潤一郎『細雪』

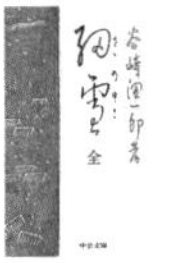

大阪船場4姊妹的物語。描述了京舞、祇園和平安神宮的夜櫻等春天的京都。

中公文庫／1983年

三島由紀夫『金閣寺』

昭和25年（1950）的金閣寺放火事件為題材。描述年輕學僧被金閣寺之美所惑的悲劇。

新潮文庫／1960年

電影外景地

時代劇到現代劇，如詩如畫的京都都是最受歡迎的外景地。或許你看過似曾相識的景色。

『舞妓Haaaan!!!』

主角迷上了舞妓和棒球拳，修學旅行時首度來到京都，在平安神宮迷了路。

平安神宮 DATA ☞P49 MAP 附錄P16A3

『大奥』

相阿彌和小堀遠州作的庭園極美的青蓮院華頂殿。男女逆轉「大奧」，拍攝的是聞香的場景。青蓮院門跡 DATA ☞P27 MAP 附錄P16A4

『陰陽師』

連結御殿內宸殿和靈明殿之間的迴廊，是安倍晴明和好友源博雅的初會之處。

仁和寺 DATA ☞P57 MAP 附錄P17A2

京都的五花街

花街是由藝妓、舞妓所屬的置屋和茶屋構成的街區。江戶時代至今，京都有5個花街。

祇園甲部

排在八坂神社門前的水茶屋為起始，享保17年（1732）由幕府公認的京都最大花街。都舞、忠臣藏的發生背景也聞名。

祇園東

明治年間由祇園獨立。位於四条通北側的花見小路通，與東大路通之間。祇園舞是京都5花街裡唯一舉辦的，人氣極高。

宮川町

鴨川畔到四条通南側。江戶初期設有許多歌舞伎演員出人的旅館，後發展成為花街。春季時會舉辦京舞。

先斗町

接待高瀨舟船長和旅客的水茶屋為起始，安政6年（1859）成為幕府公認的花街。春天的鴨川舞、夏天的川床都是京都的代表性風情畫。

上七軒

最古老的花街，起源於室町時代的北野天滿宮門前。北野大茶湯之際，七家茶屋是太閣秀吉的休憩處。北野舞是行家的最愛。

京都的三大祭

每天一定會有某處在舉行祭典，這就是京都。其中，三大祭無論歷史或規模都大異其趣。悠久的時代繪卷更是壓軸。

5月15日 葵祭

起源於6世紀。5月15日，著十二單的齋王代和勅使行列超過500人，巡行京都御所到下鴨神社、上賀茂神社。

京都御所 DATA ☞P72 MAP 附錄P14A1
下鴨神社 DATA ☞P68 MAP 附錄P8E4
上賀茂神社 DATA ☞P73 MAP 附錄P9B1

7月1～31日 祇園祭

1100年歷史的八坂神社祭禮，長達1個月期間舉行各種神事。最高潮是山鉾巡行。

八坂神社 DATA ☞P33 MAP 附錄P10D2

10月22日 時代祭

平安遷都1100年的明治28年（1895）開始舉辦。忠實呈現出由維新勤王隊帶頭，到延曆時代之間裝束的壯盛遊行隊伍。

京都御所 DATA ☞P72 MAP 附錄P14A1
平安神宮 DATA ☞P49 MAP 附錄P16A3

京都的傳統產業品

京都的傳統工藝擁有精湛的技術與高雅的美感，日常用品最適合作為伴手禮。

京燒・清水燒

京燒中最具代表性的陶器是清水燒，特徵是華麗的色繪陶器。

京漆器

くくり錆的獨特技術，讓強度、平面和切角都細致美麗。

京扇子

起源自平安初期。有實用、禮儀等多元種類，具有優越的裝飾性。

伏見人形

人稱是全日本土人形的原形。質樸而可愛的表情富吸引力。

京竹工藝

讓竹子原有特色發揮無遺。花道、茶道品、竹簾是著名的高級品。

京都話

在此介紹幾句走在街上時可能會聽到的京都話。用用看或許會有京都女性的氛圍哦。

おへん …ありません（沒有）
かんにんな …ごめんなさい（對不起）
あんじょう …うまく、具合よく（正好）
かなん …いや（糟糕）
よーけ、ぎょうさん …たくさん（許多）
きばる …頑張る（努力）
しぶちん …けち（小氣）
たいたん …煮た物（煮物）
ちょける …ふざける（開玩笑）
とうに …とっくに（已經）

INDEX 索引

京都

【叩叩日本系列 2】
京都

作者／JTB Publishing, Inc.
翻譯／張雲清
編輯／馬佩瑤
發行人／周元白
出版者／人人出版股份有限公司
電話／（02）2918-3366（代表號）
傳真／（02）2914-0000
網址／http://www.jjp.com.tw
地址／23145 新北市新店區寶橋路235巷6弄6號7樓
郵政劃撥帳號／16402311 人人出版股份有限公司
製版印刷／長城製版印刷股份有限公司
電話／（02）2918-3366（代表號）
經銷商／聯合發行股份有限公司
電話／（02）2917-8022
第一版第一刷／2015年5月
第一版第二刷／2016年4月
定價／新台幣320元

國家圖書館出版品預行編目（CIP）資料

京都 / JTB Publishing, Inc.作 ；
張雲清翻譯. -- 第一版. -- 新北市：
人人，2015.05
面； 公分. --（叩叩日本系列 ； 2）
ISBN 978-986-5903-97-8（平裝）
1.旅遊 2.日本京都市

731.75219   104007080

LLM

日本版原書名／ココミル京都
日本版發行人／秋田　守
Cocomiru Series
Title: KYOTO © 2015 JTB Publishing, Inc.
All Rights Reserved
First published in Japan in 2015 by JTB Publishing, Inc. Tokyo
Chinese translation rights arranged with JTB Publishing Inc.
through CREEK & RIVER Co., Ltd. Tokyo
Chinese translation copyrights ©2015 by Jen Jen Publshing Co., Ltd.

> 本書中的各項費用，原則上都是取材時確認過，包含消費稅在內的金額。但是，各種費用
> 還是有可能變動，使用本書時請多加注意。

◎本書中的內容為2014年11月底的資訊。發行後在費用、營業時間、公休日、菜單等營業內容
上可能有所變動，或是因臨時歇業等而有無法利用的狀況。此外，包含各種資訊在內的刊載內
容，雖然已經極力追求資訊的正確性，但仍建議在出發前以電話等方式做確認、預約。此外，因
本書刊載內容而造成的損害賠償責任等，敝公司無法提供保證，請在確認此點之後再行購買。
◎本書刊載的商品僅為舉例，有售完及變動的可能，還請見諒。
◎本書刊載的地圖，在製作方面經過國土地理院長的認可，使用該院發行的50萬分1地方圖及2
萬5000分之1地形圖、數值地圖50m網格（標高）。（承認番号平23情使、第192-288号／平23
情使、第193-118号）
◎本書刊載的入園費用等為成人的費用。
◎公休日省略新年期間、盂蘭盆節、黃金週的標示。
◎本書刊載的利用時間若無特別標記，原則上為開店（館）～閉店（館）。停止點菜及入店
（館）時間，通常為閉店（館）時刻的30分～1小時前，還請多留意。
◎本書刊載關於交通標示上的所需時間僅提供參考，請多留意。
◎本書刊載的住宿費用，原則上單人房、雙床房是1房的客房費用；而1泊2食、1泊附早餐、純
住宿，則標示2人1房時1人份的費用。標示是以採訪時的消費稅率為準，包含各種稅金、服務費
在內的費用。費用也隨季節、人數而有所變動，請多留意。
◎本書刊載的溫泉泉質、效能為源泉具備的性質，並非個別浴池的功效；是依照各設施提供的資
訊製作而成。

美好的古都
散步♪

Find us on
人人出版粉絲頁

人人出版好本事
提供旅遊小常識＆最新出版訊息
回答問卷還有送小贈品
部落格網址：http://www.jjp.com.tw/jenjenblog/